Apologia Sōcratis:
A Latin and Greek Parallel Reader

Platō *scrīpsit*

F.A. Wolf *in Latīnam vertit*

Garrett Dome *et* Zachary Sowerby *ēdidērunt*

τοῖς κωνειοποταῖς

Friedrich August Wolf (1759 – 1824)

Index Capitulōrum

Μέρος Α'   Pars I

      Προοίμιον   Exordium   3

      Πρόσθεσις   Prōpositiō   5

      Πίστις Α'   Cōnfūtātiō I   7

      Πίστις Β'   Cōnfūtātiō II 21

      Παρέκβασις   Ēgressiō   31

      Ἐπίλογος   Perōrātiō   47

Μέρος Β'   Pars II   53

Μέρος Γ'   Pars III   61

Praefātiō

The Historical Circumstances of the *Apology*

Socrates' death took place in the month of May, 399 B.C., when he was more than 70 years of age (Apol. 17 D. Crito 52 E). The interval between the trial and his death was very long—thirty days altogether. The indictment against Socrates was as follows: "Socrates is guilty of crime, first for not worshipping the gods whom the city worships, but introducing new divinities of his own; next, for corrupting the youth. The penalty due is death."

The accusers of Socrates were three: Meletus, Anytus, and Lyco (see especially Apol. 23 E). Meletus is also mentioned by Plato in the *Euthyphro* 2 BC as ἀνὴρ νέος καὶ ἀγνὼς, τετανόθριξ καὶ οὐ πάνυ εὐγένειος, ἐπίγρυπος δέ, and in the *Apology* also Socrates speaks of him as an insignificant young man. Meletus, however, presented the indictment which was hung up in the portico before the office of the ἄρχων βασιλεύς (hence περὶ τὴν τοῦ βασιλέως στοάν Euth. 2 A). According to the Schol. on Apol. 18, Meletus was τραγῳδίας φαῦλος ποιητής, a statement also made by the Schol. on Aristoph. Frogs 1302: but it seems certain that we have here an error on the part of the Scholiasts who were led by Plato's words ὑπὲρ τῶν ποιητῶν ἀχθόμενος to identify the accuser of Socrates with the poet mentioned by Aristophanes l. c., where he says that Euripides borrowed a good deal of his poetry—though this identification is absolutely impossible on account of the difference

of time, as the Meletus mentioned by Aristophanes could not have been a young man in 399, even supposing that he was still alive. We know nothing more about Meletus, the accuser of Socrates, from other sources, but it is possible that he was the son of the Meletus mentioned by Aristophanes, in which case we should also gain an explanation of the motive which Plato assigns for his share in the indictment of Socrates.

The most influential of the trio was Anytus, a rich βυρσοδέψης, i.e. a leather-seller, who is said to have been more especially incensed against Socrates by the presumption with which the philosopher had ventured to dissuade him from bringing up his son to his own trade, as the young man had manifested much interest in philosophical speculation and conversation. No doubt Anytus hated Socrates above all as a "corrupter of youth." Anytus was rich, but had been exiled under the Thirty, and, like so many other patriotic citizens, suffered great loss of property. He had then taken a prominent part in the expulsion of the Thirty, and was at the time of the trial of Socrates one of the leading men in Athens. Socrates' interference in his plans with respect to his son may have been all the more galling to him, as his previous losses must have made him anxious that his son also should contribute his share towards the restoration of the family fortunes. Anytus must have classed Socrates with the Sophists, and his opinion of them may be gathered from Plato, Meno 91 B, where Socrates says, οἶσθα δήπου καὶ σὺ ὅτι οὗτοι εἰσὶν οἵους οἱ ἄνθρωποι καλοῦσι σοφιστάς, and Anytus answers, Ἡράκλεις, εὐφήμει, ὦ Σώκρατες· μηδένα τῶν συγγενῶν μήτε οἰκείων μήτε φίλων μήτε ἀστῶν μήτε ξένων, τοιαύτη μανία λάβοι ὥστε παρὰ τούτους ἐλθόντα λωβηθῆναι, ἐπεὶ οὗτοί γε φανερά ἐστι λώβη τε καὶ διαφθορὰ τῶν συγγιγνομένων.

But besides this personal motive, Anytus no doubt bore also a political grudge to Socrates. Anytus was, it has been seen, a republican, and, as he had suffered for his cause, he was no doubt a radical. Now Socrates did not abstain from criticising the laws and government of Athens with the greatest candor, and even so far as to admire the Spartan and Cretan institutions (see especially *Crito* 52 E, 53 B). It is quite certain that, to a great extent, Socrates was blamed by the democrats for the misdeeds of Critias, who (as they said) had been his pupil, and, at all events, had been much in the society of Socrates when a young man—Xenophon says in order to acquire an argumentative facility which might be serviceable to his political ambition. But Critias had been the chief author of all the cruelties and spoliation perpetrated by the Thirty, and the fact is that Socrates shared the odium which attached to the name of Critias. In another of his "pupils" (I keep this appellation, though Socrates himself would reject it) Socrates had been singularly unfortunate, viz., in Alcibiades, whose rashness had done much to accomplish the great downfall which resulted to Athens from the Peloponnesian war.

Considering all these circumstances (which we can here only slightly touch upon, though they could scarcely be exhausted in a copious treatise) it is not surprising to learn from Xenophon (Mem. 1, 2, 9) that it was the general belief in Athens that Socrates "excited the young men to despise the established constitution, and to become lawless and violent in their conduct."

The displeasure which Meletus felt against Socrates in the interest of the poets may be easily accounted for when we read the corresponding passage in the *Apology*, and recollect the fact that Socrates is said to have been fond of citing the worst passages of great poets in confirmation of theories particularly disagreeable to

the taste of an Athenian, e.g. inferring from some lines of the second book of the *Iliad* that Homer praised the application of stripes to poor men and the common people (Xen. Mem. 1, 2, 56–59).

As for Lyco, the third accuser of Socrates, we know about him perhaps even less than about Meletus. Diogenes Laërtius (2, 38) says that he was a demagogue, and from Plato we learn that he was a ῥήτωρ—of what kind may be gathered from our note on Apol. 23 E. Socrates himself ascribes the success of the accusation to Anytus and Lyco (Apol. 36 A), and the latter must therefore have been of much service in conducting the trial.

The cause of Socrates was what was technically styled ἀγὼν τιμητός, i.e., after the defendant was pronounced guilty by the judges, the punishment for his offence was left to them to fix; but both the prosecutor and the defendant were called upon to propose such a punishment (τιμᾶσθαι) as they considered fit for the offence. The punishment proposed by Meletus was death; the one proposed by Socrates may be learned from the *Apology*.

As for the defence of Socrates, the reader is advised to study the *Apology* and the logical analysis of it which we subjoin: in general it may be said that the *Apology*, if not an exact reproduction of the speech made by Socrates at his trial, is doubtless an imitation of it so far as Plato's memory and own individuality (though this appears here entirely merged in the person of the *historical* Socrates, while in Plato's other writings we generally have an *ideal* Socrates) enabled him to put down the arguments and expressions used by his master on that memorable occasion. This, at least, is the view taken by Grote, *History of Greece*, chap. lxviii., to which chapter on Socrates it seems desirable to direct the attention of the student after he has fully mastered the *Apology*, *Crito*, and *Phaedo*.

Logical Analysis of the *Apology*

ΠΡΟΟΙΜΙΟΝ (Exordium) 17–18 A: discarding all the usual rhetorical embellishments, Socrates is going to address the judges in simple, homely words, and say nothing but the truth; at the same time he begs a favorable attention to this unusual kind of speech.

ΠΡΟΘΕΣΙΣ (Prōpositiō) 18 B–19 A: Socrates has to refute a double kind of accusation, viz., besides the one brought against him by Meletus, the popular prejudices raised against him and kept up by the charges of his enemies.

ΠΙΣΤΙΣ (Cōnfūtātiō) 19 B–27 E in two parts, and first (–24 A) the misrepresentations mentioned in the second place are shown to be entirely without foundation, and the difference between Socrates and the Sophists is pointed out. The origin of these accusations is found in the annoyance created to many citizens by Socrates' habit of examining into their knowledge, and the zeal of his disciples who imitate this proceeding; but Socrates himself feels obliged to do so in consequence of an oracle of Apollo. To revenge themselves on Socrates these persons lay upon him the same blame as justly applies to the Sophists.

The second part (24 B–27 E) contains the actual refutation of the charge brought by Meletus, Anytus, and Lyco, and this charge being twofold, the defence also is subdivided into two parts.

(a) Socrates shows that Meletus knows nothing of the art of education. If Socrates corrupts the youth it is necessary that he should do so either intentionally or unintentionally: the first he certainly does not, as only a madman could act so, it being the interest of all to live in a state composed of good citizens rather

than of bad ones; if the latter be the case, Meletus ought to have spoken to Socrates privately and not have treated his ignorance as a crime.

(b) As to the charge of introducing new divinities in the place of those worshipped by the city, Socrates shows that Meletus seems here to contradict himself, as the assumption of a daemonium implies also a belief in the existence of gods.

ΠΑΡΕΚΒΑΣΙΣ (Ēgressiō) 27 E–34 B. In spite of all these arguments Socrates feels nearly certain that he will be pronounced guilty, not so much on account of the charge now brought against him by Meletus, as in consequence of the general hatred against him. Yet he does not regret his previous doings, as his conscience assures him that he has been doing right, and accomplishing the mission entrusted to him by God. The fear of death shall not deter him from doing his duty, and if he were now released on the condition never to "each" any more, he would refuse to accept life on these terms, as he knows he could not fulfil them. But should the Athenians sentence him to death, they will thereby deprive themselves of a monitor such as the gods will not again vouchsafe to their city. That Socrates was fulfilling a divine mission appears also from his poverty, which is caused by his postponing all domestic interests to his vocation of being a public monitor to the citizens. Socrates then adds a few words about his public life, and shows that there, too, he always intrepidly adhered to the principles of justice and honesty, even so as to brave the rage of a mob and the fury of the Thirty. Lastly, Socrates maintains that he is not responsible for the ill-deeds of some of those who used to be in his society and are called his pupils, as he himself never professed to teach them any thing. Nor (says he) has any one of the young men who were with him ever charged Socrates with corrupting

him, nor have their parents or relatives done so; on the contrary many are now present at the trial, ready to help and support Socrates in any way they can.

ΕΠΙΛΟΓΟΣ (Perōrātiō) 34 C-35 E. Contrary to the common habit of moving the judges to compassion in order to obtain a lenient verdict, Socrates says that he will do nothing of the kind as this would be equal to inducing the judges to violate their oath.

The second part of the *Apology* requires no rhetorical disposition. Socrates confesses not to be surprised at the result of the trial: as to the τίμησις which he is now called upon to fix, he declares that he deserves the honor of dining in the prytaneum, if indeed he must justly estimate his own deserts. But he will yield to his friends so far as to offer to pay a fine which he is able to set down at 30 minae, his friends being ready to become securities for this sum, which would be above the means of Socrates himself.

The third part is first addressed to those of the judges who voted for death, and to them Socrates predicts that they will soon repent of their injustice. Then, turning to those who voted in favor of him, he joyfully proves to them that he neither expects death like a coward, nor looks upon it as an evil. A last request Socrates has to address to his judges, that, should his sons ever prefer riches to virtue and think themselves wise without being so, they may be corrected and put right in the same manner as Socrates himself used to act towards the Athenians.

This introduction is taken from Plato's Apology of Socrates and Crito *(John Allyn, 1877) and was written by Dr. W. Wagner of the Johanneum in Hamburg.*

Ἀπολογία Σωκράτους

Μέρος Α΄

Προοίμιον

Ὅτι μὲν ὑμεῖς, ὦ ἄνδρες Ἀθηναῖοι, πεπόνθατε ὑπὸ τῶν ἐμῶν κατηγόρων, οὐκ οἶδα· ἐγὼ δ' οὖν καὶ αὐτὸς ὑπ' αὐτῶν ὀλίγου ἐμαυτοῦ ἐπελαθόμην, οὕτω πιθανῶς ἔλεγον. καίτοι ἀληθές γε ὡς ἔπος εἰπεῖν οὐδὲν εἰρήκασιν. μάλιστα δὲ αὐτῶν ἓν ἐθαύμασα τῶν πολλῶν ὧν ἐψεύσαντο, τοῦτο ἐν ᾧ ἔλεγον ὡς χρῆν ὑμᾶς εὐλαβεῖσθαι μὴ ὑπ' ἐμοῦ ἐξαπατηθῆτε ὡς δεινοῦ ὄντος λέγειν. τὸ γὰρ μὴ αἰσχυνθῆναι ὅτι αὐτίκα ὑπ' ἐμοῦ ἐξελεγχθήσονται ἔργῳ, ἐπειδὰν μηδ' ὁπωστιοῦν φαίνωμαι δεινὸς λέγειν, τοῦτό μοι ἔδοξεν αὐτῶν ἀναισχυντότατον εἶναι, εἰ μὴ ἄρα δεινὸν καλοῦσιν οὗτοι λέγειν τὸν τἀληθῆ λέγοντα· εἰ μὲν γὰρ τοῦτο λέγουσιν, ὁμολογοίην ἂν ἔγωγε οὐ κατὰ τούτους εἶναι ῥήτωρ. οὗτοι μὲν οὖν, ὥσπερ ἐγὼ λέγω, ἤ τι ἢ οὐδὲν ἀληθὲς εἰρήκασιν, ὑμεῖς δέ μου ἀκούσεσθε πᾶσαν τὴν ἀλήθειαν—οὐ μέντοι μὰ Δία, ὦ ἄνδρες Ἀθηναῖοι, κεκαλλιεπημένους γε λόγους, ὥσπερ οἱ τούτων, ῥήμασί τε καὶ ὀνόμασιν οὐδὲ κεκοσμημένους, ἀλλ' ἀκούσεσθε εἰκῇ λεγόμενα τοῖς ἐπιτυχοῦσιν ὀνόμασιν— πιστεύω γὰρ δίκαια εἶναι ἃ λέγω—καὶ μηδεὶς ὑμῶν προσδοκησάτω ἄλλως· οὐδὲ γὰρ ἂν δήπου πρέποι, ὦ ἄνδρες, τῇδε τῇ ἡλικίᾳ ὥσπερ μειρακίῳ πλάττοντι λόγους εἰς ὑμᾶς εἰσιέναι. καὶ μέντοι καὶ πάνυ, ὦ ἄνδρες Ἀθηναῖοι, τοῦτο ὑμῶν δέομαι καὶ παρίεμαι· ἐὰν διὰ τῶν αὐτῶν λόγων ἀκούητέ μου ἀπολογουμένου δι' ὧνπερ εἴωθα λέγειν καὶ ἐν ἀγορᾷ ἐπὶ τῶν τραπεζῶν, ἵνα ὑμῶν πολλοὶ ἀκηκόασι, καὶ ἄλλοθι, μήτε θαυμάζειν μήτε θορυβεῖν τούτου ἕνεκα. ἔχει γὰρ οὑτωσί. νῦν ἐγὼ

Apologia Sōcratis

Pars I

Exordium

Quōmodo vōs, Athēniēnsēs, affēcerint accūsātōrēs meī, nesciō; ego certē ipse quoque, illīs dīcentibus, paene meī sum oblītus; adeō persuāsibilis eōrum ōrātiō erat. Quamquam vērī quidem, prope dīcam, nihil dīxērunt. Sed ex plūrimīs rēbus, quās mentītī sunt, maximē ūnam sum hanc mīrātus, quod monēbant cavendum esse vōbīs, nē ā mē dēciperēminī, quī perītus essem dīcendī. Quod enim eōs nōn puduit, quia nunc statim ā mē refellentur rēipsā, ubi patuerit mē nē mediocriter quidem perītum esse dīcendī, id mihi vīsum est ab iīs impudentissimē fierī: nisi forte dīcendī perītum ipsī vocant eum, quī vērā dīcat. Sī enim hoc volunt, fatēbor equidem mē, nōn ipsōrum exemplō, esse ōrātōrem. Istī igitur, ut ego ajō, nihil vērī dīxērunt; vōs autem ex mē nihil nisi vērum audiētis. Nōn, hercle, Athēniēnsēs, pulchrīs contextam ōrātiōnem, quālis ipsōrum fuit, verbīs et vocābulīs, neque ornātam, sed audiētis immediātē dicta quotīdiānis vocābulīs. Nam crēdō jūsta esse quae dīcō: et nē quisquam vestrum exspectet aliter. Nōn enim deceat, opīnor, cīvēs, huic aetātī, velut adolescentulō fingentī ōrātiōnem, ad vōs prōdīre. Et vērō hoc etiam atque etiam, Athēniēnsēs, vōs rogō et quaesō, sī mē eōdem genere audiātis prō mē dīcentem, quō loquī sum solitus et in forō apud mēnsās, ubi mē vestrum plērīque audiērunt, et aliīs in locīs, ut nec mīrēminī, neque ob illud tumultuēminī. Nam ita sē rēs habet. Nunc ego

πρῶτον ἐπὶ δικαστήριον ἀναβέβηκα, ἔτη γεγονὼς ἑβδομήκοντα: ἀτεχνῶς οὖν ξένως ἔχω τῆς ἐνθάδε λέξεως. ὥσπερ οὖν ἄν, εἰ τῷ ὄντι ξένος ἐτύγχανον ὤν, συνεγιγνώσκετε δήπου ἄν μοι εἰ ἐν ἐκείνῃ τῇ φωνῇ τε καὶ τῷ τρόπῳ ἔλεγον ἐν οἷσπερ ἐτεθράμμην, καὶ δὴ καὶ νῦν τοῦτο ὑμῶν δέομαι δίκαιον, ὥς γέ μοι δοκῶ, τὸν μὲν τρόπον τῆς λέξεως ἐᾶν—ἴσως μὲν γὰρ χείρων, ἴσως δὲ βελτίων ἂν εἴη—αὐτὸ δὲ τοῦτο σκοπεῖν καὶ τούτῳ τὸν νοῦν προσέχειν, εἰ δίκαια λέγω ἢ μή: δικαστοῦ μὲν γὰρ αὕτη ἀρετή, ῥήτορος δὲ τἀληθῆ λέγειν.

Πρόσθεσις

πρῶτον μὲν οὖν δίκαιός εἰμι ἀπολογήσασθαι, ὦ ἄνδρες Ἀθηναῖοι, πρὸς τὰ πρῶτά μου ψευδῆ κατηγορημένα καὶ τοὺς πρώτους κατηγόρους, ἔπειτα δὲ πρὸς τὰ ὕστερον καὶ τοὺς ὑστέρους. ἐμοῦ γὰρ πολλοὶ κατήγοροι γεγόνασι πρὸς ὑμᾶς καὶ πάλαι πολλὰ ἤδη ἔτη καὶ οὐδὲν ἀληθὲς λέγοντες, οὓς ἐγὼ μᾶλλον φοβοῦμαι ἢ τοὺς ἀμφὶ Ἄνυτον, καίπερ ὄντας καὶ τούτους δεινούς: ἀλλ’ ἐκεῖνοι δεινότεροι, ὦ ἄνδρες, οἳ ὑμῶν τοὺς πολλοὺς ἐκ παίδων παραλαμβάνοντες ἔπειθόν τε καὶ κατηγόρουν ἐμοῦ μᾶλλον οὐδὲν ἀληθές, ὡς ἔστιν τις Σωκράτης σοφὸς ἀνήρ, τά τε μετέωρα φροντιστὴς καὶ τὰ ὑπὸ γῆς πάντα ἀνεζητηκὼς καὶ τὸν ἥττω λόγον κρείττω ποιῶν. οὗτοι, ὦ ἄνδρες Ἀθηναῖοι, οἱ ταύτην τὴν φήμην κατασκεδάσαντες, οἱ δεινοί εἰσίν μου κατήγοροι: οἱ γὰρ ἀκούοντες ἡγοῦνται τοὺς ταῦτα ζητοῦντας οὐδὲ θεοὺς νομίζειν. ἔπειτά εἰσιν οὗτοι οἱ κατήγοροι πολλοὶ καὶ πολὺν χρόνον ἤδη κατηγορηκότες, ἔτι δὲ καὶ ἐν ταύτῃ τῇ ἡλικίᾳ λέγοντες πρὸς ὑμᾶς ἐν ᾗ ἂν μάλιστα ἐπιστεύσατε, παῖδες ὄντες ἔνιοι ὑμῶν καὶ μειράκια, ἀτεχνῶς ἐρήμην κατηγοροῦντες ἀπολογουμένου οὐδενός. ὃ δὲ πάντων ἀλογώτατον, ὅτι οὐδὲ τὰ

prīmum in suggestum jūdiciī adscendī, annōs nātus plūs septuāgintā. Mīrificē ergō hospēs sum in dictiōne hīc ūsitāta. Ut igitur, sī rēvērā hospēs essem, veniam mihi, opīnor, darētis, sī et vōce illā et modō illō loquerer, in quibus nūtrītus essem: ita etiam nunc ā vōbīs petō, id quod jūstum est meā sententiā, ut mihi dīcendī modum līberum sinātis—fortasse enim aliquantulum dēterior erit, fortasse melior—; idque sōlum cōnsīderētis, atque ad id animum advertātis, utrum jūsta dīcam nec nē. Nam jūdicis haec laus est; ōrātōris autem, vēra dīcere.

Prōpositiō

Prīmum igitur aequum est, Athēniēnsēs, mē ad prīma quae in mē jacta sunt mendācia et prīmis accūsātōribus respondēre; deinde ad posteriōra et posteriōribus. Mihi enim apud vōs multī exstitērunt accūsātōrēs, quī jam prīdem multōs per annōs et nihil vērī dīxērunt; quōs ego magis metuō quam Anytum ejusque sociōs, quamvīs etiam hī sint gravēs. Vērum illī sunt graviōrēs, quī vestrum plērīsque ā pueritiā acceptīs persuādēbant rem, quam crīminī mihi darent, falsissimam: esse quendam Sōcratem, virum sapientem, quī et caelestia cūret, et quae sub terrā sint omnia perquīsierit, causamque īnferiōrem efficiat superiōrem. Hī quod eam fāmam sparsērunt, Athēniēnsēs, gravēs illī sunt accūsātōrēs meī. Nam quī audiunt, putant eōs, quī tālia quaerant, nē deōs quidem esse statuere. Deinde accūsātōrēs hī sunt numerō multī, et longō jam tempore mē accūsārunt; tum etiam eā aetāte vōbīs haec dīcēbant, quā maximē crēdere possētis, quum vōs partim puerī essētis et adolescentulī, absentemque accūsābant, prōrsus nēmine causam dīcente. Sed quod omnium absurdissimum est, nē nōmina quidem eōrum licet

5

ὀνόματα οἷόν τε αὐτῶν εἰδέναι καὶ εἰπεῖν, πλὴν εἴ τις κωμῳδοποιὸς τυγχάνει ὤν. ὅσοι δὲ φθόνῳ καὶ διαβολῇ χρώμενοι ὑμᾶς ἀνέπειθον—οἱ δὲ καὶ αὐτοὶ πεπεισμένοι ἄλλους πείθοντες— οὗτοι πάντες ἀπορώτατοί εἰσιν· οὐδὲ γὰρ ἀναβιβάσασθαι οἷόν τ' ἐστὶν αὐτῶν ἐνταυθοῖ οὐδ' ἐλέγξαι οὐδένα, ἀλλ' ἀνάγκη ἀτεχνῶς ὥσπερ σκιαμαχεῖν ἀπολογούμενόν τε καὶ ἐλέγχειν μηδενὸς ἀποκρινομένου. ἀξιώσατε οὖν καὶ ὑμεῖς, ὥσπερ ἐγὼ λέγω, διττούς μου τοὺς κατηγόρους γεγονέναι, ἑτέρους μὲν τοὺς ἄρτι κατηγορήσαντας, ἑτέρους δὲ τοὺς πάλαι οὓς ἐγὼ λέγω, καὶ οἰήθητε δεῖν πρὸς ἐκείνους πρῶτόν με ἀπολογήσασθαι· καὶ γὰρ ὑμεῖς ἐκείνων πρότερον ἠκούσατε κατηγορούντων καὶ πολὺ μᾶλλον ἢ τῶνδε τῶν ὕστερον. εἶεν· ἀπολογητέον δή, ὦ ἄνδρες Ἀθηναῖοι, καὶ ἐπιχειρητέον ὑμῶν ἐξελέσθαι τὴν διαβολὴν ἣν ὑμεῖς ἐν πολλῷ χρόνῳ ἔσχετε ταύτην ἐν οὕτως ὀλίγῳ χρόνῳ. βουλοίμην μὲν οὖν ἂν τοῦτο οὕτως γενέσθαι, εἴ τι ἄμεινον καὶ ὑμῖν καὶ ἐμοί, καὶ πλέον τί με ποιῆσαι ἀπολογούμενον· οἶμαι δὲ αὐτὸ χαλεπὸν εἶναι, καὶ οὐ πάνυ με λανθάνει οἷόν ἐστιν. ὅμως τοῦτο μὲν ἴτω ὅπῃ τῷ θεῷ φίλον, τῷ δὲ νόμῳ πειστέον καὶ ἀπολογητέον.

Πίστις Α΄

ἀναλάβωμεν οὖν ἐξ ἀρχῆς τίς ἡ κατηγορία ἐστὶν ἐξ ἧς ἡ ἐμὴ διαβολὴ γέγονεν, ᾗ δὴ καὶ πιστεύων Μέλητός με ἐγράψατο τὴν γραφὴν ταύτην. εἶεν· τί δὴ λέγοντες διέβαλλον οἱ διαβάλλοντες; ὥσπερ οὖν κατηγόρων τὴν ἀντωμοσίαν δεῖ ἀναγνῶναι αὐτῶν· *Σωκράτης ἀδικεῖ καὶ περιεργάζεται ζητῶν τά τε ὑπὸ γῆς καὶ οὐράνια καὶ τὸν ἥττω λόγον κρείττω ποιῶν καὶ ἄλλους ταὐτὰ ταῦτα διδάσκων.*

scīre aut dīcere, praeterquam sī quis poēta inter eōs est comicus. Quīcumque autem invidiā mōtī et calumniā ūsī sollicitābant vōs, et quod sibimet ipsīs persuāsum erat, aliīs persuādēbant, hī omnēs longē difficillimī sunt. Neque enim hūc prōdūcere licet eōrum quemquam, nec redarguere; sed necesse est prōrsus ut quasi cum larvīs pugnem et dīcendō et redarguendō, respondente nēmine. Itaque etiam vōs existimāte, ut ego ajō, duplicēs mihi accūsātōrēs exstitisse; alterōs, quī modo accūsārunt; alterōs, quī jam prīdem, quōs dīxī: ac putāte mihi faciendum ut adversus illōs veterēs mē prīmum dēfendam. Nam et vōs illīs prius accūsantibus aurēs praebuistis, multōque magis quam hīs posteriōribus. Age vērō, respondendum nunc est, Athēniēnsēs, atque ēnītendum, ut invidia, quam vōs longō tempore conceptam habētis, ea vōbīs eximātur tam brevī tempore. Velim igitur hoc ita fierī, sī quid expediat et vōbīs et mihi, et respondendō mē quippiam prōficere: sed arbitror id difficile esse, minimēque mē latet, quālis sit reī conditiō. Vērum tamen hoc ita estō, utī deō placet; lēgī quidem parendum est et causa dīcenda.

Cōnfūtātiō I

Itaque repetāmus ā prīncipiō, quae illa accūsātiō sit, unde exorta est īnfāmia mea; cui jam etiam fidem habēns Melētus, hanc mihi āctiōnem intendit. Age vērō, quidnam, quod crīminī mihi darent, dīcēbant crīminātōrēs? Velut accūsātōrum enim nōbīs recitanda est jūrāta fōrmula ipsōrum: *Sōcratēs injūstē cūriōsēque facit, quod inquīrit quae sub terrā sunt et quae in caelō, et causam īnferiōrem efficit superiōrem, aliōsque eadem docet.*

τοιαύτη τίς ἐστιν· ταῦτα γὰρ ἑωρᾶτε καὶ αὐτοὶ ἐν τῇ Ἀριστοφάνους κωμῳδίᾳ, Σωκράτη τινὰ ἐκεῖ περιφερόμενον, φάσκοντά τε ἀεροβατεῖν καὶ ἄλλην πολλὴν φλυαρίαν φλυαροῦντα, ὧν ἐγὼ οὐδὲν οὔτε μέγα οὔτε μικρὸν πέρι ἐπαΐω. καὶ οὐχ ὡς ἀτιμάζων λέγω τὴν τοιαύτην ἐπιστήμην, εἴ τις περὶ τῶν τοιούτων σοφός ἐστιν—μή πως ἐγὼ ὑπὸ Μελήτου τοσαύτας δίκας φεύγοιμι— ἀλλὰ γὰρ ἐμοὶ τούτων, ὦ ἄνδρες Ἀθηναῖοι, οὐδὲν μέτεστιν. μάρτυρας δὲ αὖ ὑμῶν τοὺς πολλοὺς παρέχομαι, καὶ ἀξιῶ ὑμᾶς ἀλλήλους διδάσκειν τε καὶ φράζειν, ὅσοι ἐμοῦ πώποτε ἀκηκόατε διαλεγομένου—πολλοὶ δὲ ὑμῶν οἱ τοιοῦτοί εἰσιν— φράζετε οὖν ἀλλήλοις εἰ πώποτε ἢ μικρὸν ἢ μέγα ἤκουσέ τις ὑμῶν ἐμοῦ περὶ τῶν τοιούτων διαλεγομένου, καὶ ἐκ τούτου γνώσεσθε ὅτι τοιαῦτ' ἐστὶ καὶ τἆλλα περὶ ἐμοῦ ἃ οἱ πολλοὶ λέγουσιν. ἀλλὰ γὰρ οὔτε τούτων οὐδέν ἐστιν, οὐδέ γ' εἴ τινος ἀκηκόατε ὡς ἐγὼ παιδεύειν ἐπιχειρῶ ἀνθρώπους καὶ χρήματα πράττομαι, οὐδὲ τοῦτο ἀληθές. ἐπεὶ καὶ τοῦτό γέ μοι δοκεῖ καλὸν εἶναι, εἴ τις οἷός τ' εἴη παιδεύειν ἀνθρώπους ὥσπερ Γοργίας τε ὁ Λεοντῖνος καὶ Πρόδικος ὁ Κεῖος καὶ Ἱππίας ὁ Ἠλεῖος. τούτων γὰρ ἕκαστος, ὦ ἄνδρες, οἷός τ' ἐστὶν ἰὼν εἰς ἑκάστην τῶν πόλεων τοὺς νέους—οἷς ἔξεστι τῶν ἑαυτῶν πολιτῶν προῖκα συνεῖναι ᾧ ἂν βούλωνται—τούτους πείθουσι τὰς ἐκείνων συνουσίας ἀπολιπόντας σφίσιν συνεῖναι χρήματα διδόντας καὶ χάριν προσειδέναι. ἐπεὶ καὶ ἄλλος ἀνήρ ἐστι Πάριος ἐνθάδε σοφὸς ὃν ἐγὼ ᾐσθόμην ἐπιδημοῦντα· ἔτυχον γὰρ προσελθὼν ἀνδρὶ ὃς τετέλεκε χρήματα σοφισταῖς πλείω ἢ σύμπαντες οἱ ἄλλοι, Καλλίᾳ τῷ Ἱππονίκου· τοῦτον οὖν ἀνηρόμην—ἐστὸν γὰρ αὐτῷ δύο ὑεῖ· *ὦ Καλλία, ἦν δ' ἐγώ, εἰ μέν σου τὼ ὑεῖ πώλω ἢ μόσχω ἐγενέσθην, εἴχομεν ἂν αὐτοῖν ἐπιστάτην λαβεῖν καὶ μισθώσασθαι ὃς ἔμελλεν αὐτὼ καλώ τε κἀγαθὼ ποιήσειν τὴν προσήκουσαν ἀρετήν, ἦν δ' ἂν οὗτος*

Tālis ferē fōrmula est. Atquī tālia vidēbātis ipsī quoque in Aristophanis cōmoediā, Sōcratem quendam ibi trādūcī, praedicantem sē per āerem ingredī et aliās plūrimās nūgās agentem: quibus dē rēbus ego nihil nec magnum quicquam nec tantillum intellegō. Atque hoc nōn dīcō tamquam contemnēns id genus scientiae, sī quis tālium rērum sapiēns est: nēquāquam ego tot crīminibus ā Melētō reus fīam! Sed mihi tālibus cum rēbus, Athēniēnsēs, nihil est. Testēs hic rūrsus adhibeō plērōsque vestrum, postulōque ut vōs alius alium ēdoceātis et dīcātis, quotquot mē umquam audīstis disserentem: nam multī vestrum sunt quī audiērunt. Dīcite ergō inter vōs, an quis vestrum umquam dē tālibus rēbus mē quicquam aut magnum aut tantillum audierit disserentem: atque ex eō cognōscētis, hujusmodī esse etiam cētera dē mē vulgō nārrāta. At neque hōrum quicquam factum est: nec vērō sī ex quōquam audīstis, mē id factitāre ut ērudiam hominēs et mercēdem exigam, nē hoc quidem vērum est. Tametsī hoc quidem mihi vidētur pulchrum esse, sī quis possit ērudīre hominēs, quemadmodum et Leontīnus Gorgiās et Prodicus Cēus et Hippiās Ēleus. Nam hōrum quisque, cīvēs, potest in quamvīs cīvitātem profectus, adolēscentibus, quōs nihil prohibet cum quōcumque velint suōrum cīvium grātīs versārī, hīs, inquam, persuādent ut, relictā illōrum cōnsuētūdine, cum ipsīs versentur, pretiō solūtō, atque īnsuper grātiam habeant. Praetereā etiam alius homō Parius hic est sapiēns, quem ego sīc cognōvī esse in urbe. Forte enim convēneram virum, quī sapientiae doctōribus plūs pecūniae numerāverat quam cēterī omnēs, Calliam Hippōnīcī. Hunc igitur rogābam—sunt enim eī duo fīliī: *Callia inquam, sī tuī fīliī pullī equīnī aut vitulī essent nātī, habērēmus certē quem iīs magistrum caperēmus et condūcerēmus, quī eōs esset probōs praestantēsque redditūrus in quō convenīret genere virtūtis: quippe is foret aliquis*

Ἀπολογία Σωκράτους

ἢ τῶν ἱππικῶν τις ἢ τῶν γεωργικῶν· νῦν δ' ἐπειδὴ ἀνθρώπω ἐστόν, τίνα αὐτοῖν ἐν νῷ ἔχεις ἐπιστάτην λαβεῖν; τίς τῆς τοιαύτης ἀρετῆς, τῆς ἀνθρωπίνης τε καὶ πολιτικῆς, ἐπιστήμων ἐστίν; οἶμαι γάρ σε ἐσκέφθαι διὰ τὴν τῶν ὑέων κτῆσιν. ἔστιν τις, ἔφην ἐγώ, ἢ οὔ; — πάνυ γε, ἦ δ' ὅς. τίς, ἦν δ' ἐγώ, καὶ ποδαπός, καὶ πόσου διδάσκει; — Εὔηνος, ἔφη, ὦ Σώκρατες, Πάριος, πέντε μνῶν. καὶ ἐγὼ τὸν Εὔηνον ἐμακάρισα εἰ ὡς ἀληθῶς ἔχοι ταύτην τὴν τέχνην καὶ οὕτως ἐμμελῶς διδάσκει. ἐγὼ γοῦν καὶ αὐτὸς ἐκαλλυνόμην τε καὶ ἡβρυνόμην ἂν εἰ ἠπιστάμην ταῦτα· ἀλλ' οὐ γὰρ ἐπίσταμαι, ὦ ἄνδρες Ἀθηναῖοι.

ὑπολάβοι ἂν οὖν τις ὑμῶν ἴσως· ἀλλ', ὦ Σώκρατες, τὸ σὸν τί ἐστι πρᾶγμα; πόθεν αἱ διαβολαί σοι αὗται γεγόνασιν; οὐ γὰρ δήπου σοῦ γε οὐδὲν τῶν ἄλλων περιττότερον πραγματευομένου ἔπειτα τοσαύτη φήμη τε καὶ λόγος γέγονεν, εἰ μή τι ἔπραττες ἀλλοῖον ἢ οἱ πολλοί. λέγε οὖν ἡμῖν τί ἐστιν, ἵνα μὴ ἡμεῖς περὶ σοῦ αὐτοσχεδιάζωμεν. ταυτί μοι δοκεῖ δίκαια λέγειν ὁ λέγων, κἀγὼ ὑμῖν πειράσομαι ἀποδεῖξαι τί ποτ' ἐστὶν τοῦτο ὃ ἐμοὶ πεποίηκεν τό τε ὄνομα καὶ τὴν διαβολήν. ἀκούετε δή. καὶ ἴσως μὲν δόξω τισὶν ὑμῶν παίζειν· εὖ μέντοι ἴστε, πᾶσαν ὑμῖν τὴν ἀλήθειαν ἐρῶ. ἐγὼ γάρ, ὦ ἄνδρες Ἀθηναῖοι, δι' οὐδὲν ἀλλ' ἢ διὰ σοφίαν τινὰ τοῦτο τὸ ὄνομα ἔσχηκα. ποίαν δὴ σοφίαν ταύτην; ἥπερ ἐστὶν ἴσως ἀνθρωπίνη σοφία· τῷ ὄντι γὰρ κινδυνεύω ταύτην εἶναι σοφός. οὗτοι δὲ τάχ' ἄν, οὓς ἄρτι ἔλεγον, μείζω τινὰ ἢ κατ' ἄνθρωπον σοφίαν σοφοὶ εἶεν, ἢ οὐκ ἔχω τί λέγω· οὐ γὰρ δὴ ἔγωγε αὐτὴν ἐπίσταμαι, ἀλλ' ὅστις φησὶ ψεύδεταί τε καὶ ἐπὶ διαβολῇ τῇ ἐμῇ λέγει. καί μοι, ὦ ἄνδρες Ἀθηναῖοι, μὴ θορυβήσητε, μηδ' ἐὰν δόξω τι ὑμῖν μέγα λέγειν· οὐ γὰρ ἐμὸν ἐρῶ τὸν λόγον ὃν ἂν λέγω, ἀλλ' εἰς ἀξιόχρεων ὑμῖν τὸν λέγοντα ἀνοίσω. τῆς γὰρ ἐμῆς, εἰ δή τίς ἐστιν σοφία καὶ οἵα, μάρτυρα ὑμῖν παρέξομαι τὸν θεὸν τὸν ἐν Δελφοῖς.

perītōrum aut reī equestris, aut agricultūrae: nunc quoniam hominēs sunt, quem iīs magistrum capere cōgitās? Quis hujus virtūtis, quā et homō et cīvis praestat, sciēns est? Nam tē putō id quaesīvisse, proptereā quod fīliōs habēs. Estne aliquis, inquam, *nec nē?—Vērō,* inquit. *Quis* inquam *et cujās? Et quō pretiō docet?—Evēnus,* inquit, *mī Sōcratēs, Parius; quīnque minīs.* Ibi tum ego Evēnum beātum praedicāvī, sī vērē nōsset hanc artem, et adeō commodē docēret. Ego ergō ipse quoque placērem mihi et superbīrem, ista sī tenērem: sed nōn teneō, Athēniēnsēs.

Hic forsitan suscipiēns aliquis dīcat vestrum: *Quodnam ergō tibi, Sōcrate, negōtium est? Unde crīmina haec in tē cōnflāta sunt? Nōn sānē enim, tē nihil cūriōsius cēterīs tractante, posteā tantus rūmor et sermō exiit, nisi aliud quicquam agerēs quam plērīque. Dīc ergō nōbīs, quid reī sit, nē etiam nōs temere dē tē prōnūntiēmus.* Hoc quī dīcit, vidētur mihi aequum dīcere. Quārē ego cōnābor vōbīs dēmōnstrāre, quae tandem ea rēs sit, quae mihi et nōmen et crīmen peperit. Audīte, quaesō. Ac fortasse nōnnūllīs vestrum vidēbor lūdere; sed mihi crēdite, nihil vōbīs nisi vērum nārrābō. Nam ego, Athēniēnsēs, ob nūllam rem aliam nisi ob sapientiam quandam hoc nōmen adeptus sum. Quālīs ista sapientia sit, rogātis. Est ea, ut opīnor, hūmāna sapientia. Vērē enim videor in hōc genere sapiēns esse; illī autem, quōs modo dīcēbam, facile in majōre quōdam quam hūmānō genere sapientiae fuerint sapientēs; aut nōn habeō quod dīcam. Nōn enim profectō illam teneō; sed quisquam id ait, is et mentītur et meī crīminandī causā dīcit. At nē mihi obstrepātis, Athēniēnsēs, etiamsī videar vōbīs aliquid magnum dīcere. Nōn enim meum erit dictum, quod dīcam, sed auctōrem, quī dīxit, haud spernendum vōbīs laudābō. Mea enim an sit aliquā sapientia et quālis, testem vōbīs adhibēbō deum Delphicum.

Χαιρεφῶντα γὰρ ἴστε που. οὗτος ἐμός τε ἑταῖρος ἦν ἐκ νέου καὶ ὑμῶν τῷ πλήθει ἑταῖρός τε καὶ συνέφυγε τὴν φυγὴν ταύτην καὶ μεθ' ὑμῶν κατῆλθε. καὶ ἴστε δὴ οἷος ἦν Χαιρεφῶν, ὡς σφοδρὸς ἐφ' ὅτι ὁρμήσειεν. καὶ δή ποτε καὶ εἰς Δελφοὺς ἐλθὼν ἐτόλμησε τοῦτο μαντεύσασθαι—καί, ὅπερ λέγω, μὴ θορυβεῖτε, ὦ ἄνδρες—ἤρετο γὰρ δὴ εἴ τις ἐμοῦ εἴη σοφώτερος. ἀνεῖλεν οὖν ἡ Πυθία μηδένα σοφώτερον εἶναι. καὶ τούτων πέρι ὁ ἀδελφὸς ὑμῖν αὐτοῦ οὑτοσὶ μαρτυρήσει, ἐπειδὴ ἐκεῖνος τετελεύτηκεν. σκέψασθε δὴ ὧν ἕνεκα ταῦτα λέγω: μέλλω γὰρ ὑμᾶς διδάξειν ὅθεν μοι ἡ διαβολὴ γέγονεν. ταῦτα γὰρ ἐγὼ ἀκούσας ἐνεθυμούμην οὑτωσί: *τί ποτε λέγει ὁ θεός, καὶ τί ποτε αἰνίττεται; ἐγὼ γὰρ δὴ οὔτε μέγα οὔτε σμικρὸν σύνοιδα ἐμαυτῷ σοφὸς ὤν: τί οὖν ποτε λέγει φάσκων ἐμὲ σοφώτατον εἶναι; οὐ γὰρ δήπου ψεύδεταί γε: οὐ γὰρ θέμις αὐτῷ.* καὶ πολὺν μὲν χρόνον ἠπόρουν τί ποτε λέγει: ἔπειτα μόγις πάνυ ἐπὶ ζήτησιν αὐτοῦ τοιαύτην τινὰ ἐτραπόμην. ἦλθον ἐπί τινα τῶν δοκούντων σοφῶν εἶναι, ὡς ἐνταῦθα εἴπερ που ἐλέγξων τὸ μαντεῖον καὶ ἀποφανῶν τῷ χρησμῷ ὅτι *οὑτοσὶ ἐμοῦ σοφώτερός ἐστι, σὺ δ' ἐμὲ ἔφησθα.* διασκοπῶν οὖν τοῦτον—ὀνόματι γὰρ οὐδὲν δέομαι λέγειν, ἦν δέ τις τῶν πολιτικῶν πρὸς ὃν ἐγὼ σκοπῶν τοιοῦτόν τι ἔπαθον, ὦ ἄνδρες Ἀθηναῖοι, καὶ διαλεγόμενος αὐτῷ—ἔδοξέ μοι οὗτος ὁ ἀνὴρ δοκεῖν μὲν εἶναι σοφὸς ἄλλοις τε πολλοῖς ἀνθρώποις καὶ μάλιστα ἑαυτῷ, εἶναι δ' οὔ: κἄπειτα ἐπειρώμην αὐτῷ δεικνύναι ὅτι οἴοιτο μὲν εἶναι σοφός, εἴη δ' οὔ. ἐντεῦθεν οὖν τούτῳ τε ἀπηχθόμην καὶ πολλοῖς τῶν παρόντων: πρὸς ἐμαυτὸν δ' οὖν ἀπιὼν ἐλογιζόμην ὅτι τούτου μὲν τοῦ ἀνθρώπου ἐγὼσοφώτερός εἰμι: κινδυνεύει μὲν γὰρ ἡμῶν οὐδέτερος οὐδὲν καλὸν κἀγαθὸν εἰδέναι, ἀλλ' οὗτος μὲν οἴεταί τι εἰδέναι οὐκ εἰδώς, ἐγὼ δέ, ὥσπερ οὖν οὐκ οἶδα, οὐδὲ οἴομαι:

Nam Chaerephontis, opīnor, meministis. Is et mihi sodālis erat ab adolēscentiā, et vestrum majōrī partī simul sodālis, simul vōbīscum nūper ex urbe fūgit rediitque. Ac noctis sānē quālis fuerit Chaerephō, quam vehemēns ad quamcumque rem animum appulisset. Ita etiam quondam Delphōs prōfectus, hanc rem ausus est scīscitārī—sed propter id quod dīcam nē tumultuēminī, cīvēs: rogāvit enim hercle, an quisquam esset mē sapientior; Pȳthia autem respondit, nēminem sapientiōrem esse. Quibus dē rēbus apud vōs hīc frāter ejus testābitur, quoniam ipse mortuus est. Jam vidēte, quibus dē causīs haec dīcam. Volō enim vōs docēre unde mihi crīmen cōnflātum sit. Nam ego illā rē audītā, sīc cōgitābam: *Quid tandem dīcit deus? aut quid significat? nam ego sānē mihi ipse nec magnae nec tantillae cōnscius sum sapientiae. Quid ergō tandem dīcit, quum ait mē sapientissimum esse? Nōn enim profectō mentītur, putō; neque enim fās illī.* Sīc diū haerēbam, quid tandem dīceret: posthāc aegerrimē ad illud inquīrendum hāc ferē viā mē contulī. Accessī ad eōrum quendam quī sapientēs vidēbantur esse, ibi crēdēns mē, sī uspiam alibī, posse arguere ōrāculum, et adversus ejus respōnsum ita dīcere: Hice est certē sapientior quam ego; *tū autem dīxistī mē.* Ergō quum dispicerem hominem—nōmine enim appellāre nihil attinet: erat autem cīvīlium virōrum quīdam, quem quum īnspectārem, istā prope mente fuī, Athēniēnsēs: mox cum eō colloquentī vīsus mihi est ille tum aliīs multīs hominibus, tum sibi maximē sapiēns vidērī, at nōn esse. Ibi cōnābar eī dēmōnstrāre, ipsum putāre sē esse sapientem, at nōn esse. Ex eō igitur et ipsī factus sum invīsus, et multīs eōrum quī aderant. Inde ego domum abiēns hoc reputābam: Istō quidem homine ego sapientior sum. Nam etsī fortasse neuter nostrum quicquam scit reī praeclārae aut bonae; at ille putat sē aliquid scīre, quum nihil sciat; ego autem, ut nihil sciō, ita nē putō quidem mē scīre quicquam. Igitur tantulō hōc

ἔοικα γοῦν τούτου γε σμικρῷ τινι αὐτῷ τούτῳ σοφώτερος
εἶναι, ὅτι ἃ μὴ οἶδα οὐδὲ οἴομαι εἰδέναι. ἐντεῦθεν ἐπ' ἄλλον ᾖα
τῶν ἐκείνου δοκούντων σοφωτέρων εἶναι καί μοι ταὐτὰ ταῦτα
ἔδοξε, καὶ ἐνταῦθα κἀκείνῳ καὶ ἄλλοις πολλοῖς ἀπηχθόμην.
μετὰ ταῦτ' οὖν ἤδη ἐφεξῆς ᾖα, αἰσθανόμενος μὲν καὶ λυπούμενος
καὶ δεδιὼς ὅτι ἀπηχθανόμην, ὅμως δὲ ἀναγκαῖον ἐδόκει εἶναι τὸ
τοῦ θεοῦ περὶ πλείστου ποιεῖσθαι—ἰτέον οὖν, σκοποῦντι τὸν
χρησμὸν τί λέγει, ἐπὶ ἅπαντας τούς τι δοκοῦντας εἰδέναι. καὶ νὴ
τὸν κύνα, ὦ ἄνδρες Ἀθηναῖοι—δεῖ γὰρ πρὸς ὑμᾶς τἀληθῆ
λέγειν—ἦ μὴν ἐγὼ ἔπαθόν τι τοιοῦτον: οἱ μὲν μάλιστα
εὐδοκιμοῦντες ἔδοξάν μοι ὀλίγου δεῖν τοῦ πλείστου ἐνδεεῖς εἶναι
ζητοῦντι κατὰ τὸν θεόν, ἄλλοι δὲ δοκοῦντες φαυλότεροι
ἐπιεικέστεροι εἶναι ἄνδρες πρὸς τὸ φρονίμως ἔχειν. δεῖ δὴ ὑμῖν
τὴν ἐμὴν πλάνην ἐπιδεῖξαι ὥσπερ πόνους τινὰς πονοῦντος ἵνα
μοι καὶ ἀνέλεγκτος ἡ μαντεία γένοιτο. μετὰ γὰρ τοὺς πολιτικοὺς
ᾖα ἐπὶ τοὺς ποιητὰς τούς τε τῶν τραγῳδιῶν καὶ τοὺς τῶν
διθυράμβων καὶ τοὺς ἄλλους, ὡς ἐνταῦθα ἐπ' αὐτοφώρῳ
καταληψόμενος ἐμαυτὸν ἀμαθέστερον ἐκείνων ὄντα.
ἀναλαμβάνων οὖν αὐτῶν τὰ ποιήματα ἅ μοι ἐδόκει μάλιστα
πεπραγματεῦσθαι αὐτοῖς, διηρώτων ἂν αὐτοὺς τί λέγοιεν, ἵν'
ἅμα τι καὶ μανθάνοιμι παρ' αὐτῶν. αἰσχύνομαι οὖν ὑμῖν εἰπεῖν,
ὦ ἄνδρες, τἀληθῆ: ὅμως δὲ ῥητέον. ὡς ἔπος γὰρ εἰπεῖν ὀλίγου
αὐτῶν ἅπαντες οἱ παρόντες ἂν βέλτιον ἔλεγον περὶ ὧν αὐτοὶ
ἐπεποιήκεσαν. ἔγνων οὖν αὖ καὶ περὶ τῶν ποιητῶν ἐν ὀλίγῳ
τοῦτο, ὅτι οὐ σοφίᾳ ποιοῖεν ἃ ποιοῖεν, ἀλλὰ φύσει τινὶ καὶ
ἐνθουσιάζοντες ὥσπερ οἱ θεομάντεις καὶ οἱ χρησμῳδοί: καὶ γὰρ
οὗτοι λέγουσι μὲν πολλὰ καὶ καλά, ἴσασιν δὲ οὐδὲν ὧν λέγουσι.
τοιοῦτόν τί μοι ἐφάνησαν πάθος καὶ οἱ ποιηταὶ πεπονθότες, καὶ
ἅμα ᾐσθόμην αὐτῶν διὰ τὴν ποίησιν οἰομένων καὶ τἆλλα
σοφωτάτων εἶναι ἀνθρώπων ἃ οὐκ ἦσαν. ἀπῇα οὖν καὶ ἐντεῦθεν

ipsō videor esse sapientior illō, quod quae nesciō, ea mē nē putō quidem scīre. Inde mē ad alium contulī ex iīs, quī sapientiōrēs illō habēbantur; sed is mihi in eandem vēnit opīniōnem. Tum vērō et huic et aliīs multīs invīsus factus sum. Posteā ergō jam ōrdine singulōs adiī, vidēns quidem et dolēns invīsum mē fierī, atque ob id metuēns: sed necessārium factū vidēbātur ut dīvīnae vōcis maximam ratiōnem habērem, et quid illa sibi vellet īrem explōrātum ad omnēs omnīnō, quī aliquid scīre vidērentur. Ibi jam, Athēniēnsēs—oportet enim vērum ad vōs dīcere—Canem adjūrō, hoc mihi accidisse quod dīcam. Quī in summā dignātiōne erant, iī paene maximē mihi vīsī sunt mancī esse, quaerentī dē monitū deī: aliī vērō quī contemptiōrēs habēbantur, ad prūdentiam probātiōrēs esse hominēs. Ostendendus nīmīrum vōbīs est error meus, tamquam labōribus mē frangentis, ut mihi dēnique ā nēmine posthāc arguī ōrāculum posset. Nam ā cīvīlibus virīs trānsiī ad poētās, tum tragicōs, tum dīthyrambicōs, tum cēterōs, velut ibi manifēstō dēprehēnsūrus mē illīs indoctiōrem esse. Ergō in manūs sūmptīs eōrum carminibus, quae mihi maximē ab iīs ēlabōrāta vidēbantur, eōs subinde interrogābam, quid dīcerent, ut simul etiam aliquid discerem ab illīs. Atquī pudet mē vōbīs vērum fatērī, cīvēs: attamen fatendum est. Nam prope dīxerim, omnēs paene quī hīc adsunt, istīs melius dīcerent dē iīs quae istī composuerant. Ex eō itidem intellēxī brevī, etiam poētās quae compōnerent, nōn sapientiae cōpiā compōnere, sed nātūrae quādam vī et dīvīnō īnstīnctū, velutī vātēs atque fātidicōs. Nam hī quoque multa et praeclāra dīcunt, nec tamen quicquam intellegunt eōrum quae dīcunt. Ejusmodī quippiam etiam poētīs vīdī ēvenīre; simulque animadvertī, eōs propter carminis artem putāre, sē rērum quoque cēterārum sapientissimōs esse hominēs, quārum nōn essent. Itaque etiam hinc abiī,

15

τῷ αὐτῷ οἰόμενος περιγεγονέναι ᾧπερ καὶ τῶν πολιτικῶν. τελευτῶν οὖν ἐπὶ τοὺς χειροτέχνας ᾖα: ἐμαυτῷ γὰρ συνήδη οὐδὲν ἐπισταμένῳ ὡς ἔπος εἰπεῖν, τούτους δέ γ' ᾔδη ὅτι εὑρήσοιμι πολλὰ καὶ καλὰ ἐπισταμένους. καὶ τούτου μὲν οὐκ ἐψεύσθην, ἀλλ' ἠπίσταντο ἃ ἐγὼ οὐκ ἠπιστάμην καί μου ταύτῃ σοφώτεροι ἦσαν. ἀλλ', ὦ ἄνδρες Ἀθηναῖοι, ταὐτόν μοι ἔδοξαν ἔχειν ἁμάρτημα ὅπερ καὶ οἱ ποιηταὶ καὶ οἱ ἀγαθοὶ δημιουργοί—διὰ τὸ τὴν τέχνην καλῶς ἐξεργάζεσθαι ἕκαστος ἠξίου καὶ τἆλλα τὰ μέγιστα σοφώτατος εἶναι—καὶ αὐτῶν αὕτη ἡ πλημμέλεια ἐκείνην τὴν σοφίαν ἀποκρύπτειν: ὥστε με ἐμαυτὸν ἀνερωτᾶν ὑπὲρ τοῦ χρησμοῦ πότερα δεξαίμην ἂν οὕτως ὥσπερ ἔχω ἔχειν, μήτε τι σοφὸς ὢν τὴν ἐκείνων σοφίαν μήτε ἀμαθὴς τὴν ἀμαθίαν, ἢ ἀμφότερα ἃ ἐκεῖνοι ἔχουσιν ἔχειν. ἀπεκρινάμην οὖν ἐμαυτῷ καὶ τῷ χρησμῷ ὅτι μοι λυσιτελοῖ ὥσπερ ἔχω ἔχειν. ἐκ ταυτησὶ δὴ τῆς ἐξετάσεως, ὦ ἄνδρες Ἀθηναῖοι, πολλαὶ μὲν ἀπέχθειαί μοι γεγόνασι καὶ οἷαι χαλεπώταται καὶ βαρύταται, ὥστε πολλὰς διαβολὰς ἀπ' αὐτῶν γεγονέναι, ὄνομα δὲ τοῦτο λέγεσθαι, σοφὸς εἶναι: οἴονται γάρ με ἑκάστοτε οἱ παρόντες ταῦτα αὐτὸν εἶναι σοφὸν ἃ ἂν ἄλλον ἐξελέγξω. τὸ δὲ κινδυνεύει, ὦ ἄνδρες, τῷ ὄντι ὁ θεὸς σοφὸς εἶναι, καὶ ἐν τῷ χρησμῷ τούτῳ τοῦτο λέγειν, ὅτι ἡ ἀνθρωπίνη σοφία ὀλίγου τινὸς ἀξία ἐστὶν καὶ οὐδενός. καὶ φαίνεται τοῦτον λέγειν τὸν Σωκράτη, προσκεχρῆσθαι δὲ τῷ ἐμῷ ὀνόματι, ἐμὲ παράδειγμα ποιούμενος, ὥσπερ ἂν εἰ εἴποι ὅτι *οὗτος ὑμῶν, ὦ ἄνθρωποι, σοφώτατός ἐστιν, ὅστις ὥσπερ Σωκράτης ἔγνωκεν ὅτι οὐδενὸς ἄξιός ἐστι τῇ ἀληθείᾳ πρὸς σοφίαν.* ταῦτ' οὖν ἐγὼ μὲν ἔτι καὶ νῦν περιιὼν ζητῶ καὶ ἐρευνῶ κατὰ τὸν θεὸν καὶ τῶν ἀστῶν καὶ ξένων ἄν τινα οἴωμαι σοφὸν εἶναι: καὶ ἐπειδάν μοι μὴ δοκῇ, τῷ θεῷ βοηθῶν ἐνδείκνυμαι ὅτι οὐκ ἔστι σοφός. καὶ ὑπὸ ταύτης τῆς ἀσχολίας οὔτε τι τῶν τῆς πόλεως πρᾶξαί μοι σχολὴ γέγονεν ἄξιον λόγου οὔτε τῶν οἰκείων,

crēdēns mē illīs eādem rē superiōrem esse, quā fuissem ōrātōribus. Postrēmō ad artificēs īvī. Nam cōnscius mihi eram, nihil propemodum mē scīre; hōs autem nōram futūrum esse ut invenīrem multa et praeclāra doctōs. Neque ea quidem mē fefellit opīniō; sed sciēbant rēs quās ego nesciēbam, et hāctenus mē sapientiōrēs erant. Vērum, Athēniēnsēs, eōdem vitiō, quō poētae, labōrāre mihi vīsī sunt etiam bonī opificēs. Quod artem praeclārē tractārent, putābant sē quisque cēterārum quoque rērum vel maximārum sapientissimōs esse. Atque hic eōrum error sapientiam illam obscūrābat. Quōcircā mē ipse interrogābam ōrāculī nōmine, utrum vellem tālis quālis essem esse, ita ut neque ad sapientiam illōrum essem ūllīus reī sapiēns, neque ad illōrum imperītiam imperītus, an utrumque eōrum quae illī habērent habēre. Ac respondī mihi ipsī atque ōrāculō, satius esse, mē sīcut essem esse. Ex hōc jam exāmine, Athēniēnsēs, et multae mihi inimīcitiae contractae sunt, longēque acerbissimae illae et gravissimae: quō factum est ut multa mihi crīmina cōnflāta sint: et nōmen hoc additum est quō sapiēns vocor. Crēdunt enim quī adsunt, quotiēs ūllā in rē alium redarguō, in eā ipsum mē esse sapientem: at illud vix dubium est, Athēniēnsēs, quīn rēvērā sapiēns sit deus, illōque respōnsō id significet, hūmānam sapientiam parvī faciendam esse ac potius nihilī. Vidēturque nōn dē Sōcrate id dīcere, sed ūsus esse tantum meō nōmine, mē exemplum prōpōnēns, quasi dīcat: *Is vestrum, hominēs, sapientissimus est, quisquis ut Sōcratēs cognōvit nihilī sē esse ad vēram normam sapientiae.* Quamobrem ego ad hunc usque diem circumiēns quaerō scrūtorque monitū deī, tum in cīvibus, tum in hospitibus, sī quem eōrum arbitror sapientem esse; quī ubi mihi nōn vidētur, deī causam agēns ostendō eum nōn esse sapientem. Itaque prae eō negōtiō nūllum mihi ōtium fuit nec rērum cīvīlium ūllīus memorābilīs agendae, nec domesticārum;

ἀλλ' ἐν πενίᾳ μυρίᾳ εἰμὶ διὰ τὴν τοῦ θεοῦ λατρείαν. πρὸς δὲ τούτοις οἱ νέοι μοι ἐπακολουθοῦντες—οἷς μάλιστα σχολή ἐστιν, οἱ τῶν πλουσιωτάτων—αὐτόματοι, χαίρουσιν ἀκούοντες ἐξεταζομένων τῶν ἀνθρώπων, καὶ αὐτοὶ πολλάκις ἐμὲ μιμοῦνται, εἶτα ἐπιχειροῦσιν ἄλλους ἐξετάζειν: κἄπειτα οἶμαι εὑρίσκουσι πολλὴν ἀφθονίαν οἰομένων μὲν εἰδέναι τι ἀνθρώπων, εἰδότων δὲ ὀλίγα ἢ οὐδέν. ἐντεῦθεν οὖν οἱ ὑπ' αὐτῶν ἐξεταζόμενοι ἐμοὶ ὀργίζονται, οὐχ αὑτοῖς, καὶ λέγουσιν ὡς Σωκράτης τίς ἐστι μιαρώτατος καὶ διαφθείρει τοὺς νέους: καὶ ἐπειδάν τις αὐτοὺς ἐρωτᾷ ὅτι ποιῶν καὶ ὅτι διδάσκων, ἔχουσι μὲν οὐδὲν εἰπεῖν ἀλλ' ἀγνοοῦσιν, ἵνα δὲ μὴ δοκῶσιν ἀπορεῖν, τὰ κατὰ πάντων τῶν φιλοσοφούντων πρόχειρα ταῦτα λέγουσιν, ὅτι τὰ μετέωρα καὶ τὰ ὑπὸ γῆς καὶ θεοὺς μὴ νομίζειν καὶ τὸν ἥττω λόγον κρείττω ποιεῖν. τὰ γὰρ ἀληθῆ οἴομαι οὐκ ἂν ἐθέλοιεν λέγειν, ὅτι κατάδηλοι γίγνονται προσποιούμενοι μὲν εἰδέναι, εἰδότες δὲ οὐδέν. ἅτε οὖν οἶμαι φιλότιμοι ὄντες καὶ σφοδροὶ καὶ πολλοί, καὶ συντεταμένως καὶ πιθανῶς λέγοντες περὶ ἐμοῦ, ἐμπεπλήκασιν ὑμῶν τὰ ὦτα καὶ πάλαι καὶ σφοδρῶς διαβάλλοντες. ἐκ τούτων καὶ Μέλητός μοι ἐπέθετο καὶ Ἄνυτος καὶ Λύκων, Μέλητος μὲν ὑπὲρ τῶν ποιητῶν ἀχθόμενος, Ἄνυτος δὲ ὑπὲρ τῶν δημιουργῶν καὶ τῶν πολιτικῶν, Λύκων δὲ ὑπὲρ τῶν ῥητόρων: ὥστε, ὅπερ ἀρχόμενος ἐγὼ ἔλεγον, θαυμάζοιμ' ἂν εἰ οἷός τ' εἴην ἐγὼ ὑμῶν ταύτην τὴν διαβολὴν ἐξελέσθαι ἐν οὕτως ὀλίγῳ χρόνῳ οὕτω πολλὴν γεγονυῖαν. ταῦτ' ἔστιν ὑμῖν, ὦ ἄνδρες Ἀθηναῖοι, τἀληθῆ, καὶ ὑμᾶς οὔτε μέγα οὔτε μικρὸν ἀποκρυψάμενος ἐγὼ λέγω οὐδ' ὑποστειλάμενος. καίτοι οἶδα σχεδὸν ὅτι αὐτοῖς τούτοις ἀπεχθάνομαι, ὃ καὶ τεκμήριον ὅτι ἀληθῆ λέγω καὶ ὅτι αὕτη ἐστὶν ἡ διαβολὴ ἡ ἐμὴ καὶ τὰ αἴτια ταῦτά ἐστιν. καὶ ἐάντε νῦν ἐάντε αὖθις ζητήσητε ταῦτα, οὕτως εὑρήσετε.

sed in extremā versor paupertāte propter hoc deī ministerium. Praetereā quī mē assectantur sponte adolēscentēs, quibus maximē ōtium est, dītissimōrum illī patrum, eōs dēlectat audīre quum explōrantur hominēs: ipsīque saepe mē imitantur; ita operam dant ut aliōs explōrent; posteā, crēdō, inveniunt magnam cōpiam hominum, quī sē putant aliquid scīre, sed aut pauca sciunt, aut nihil. Hinc ergō iī quī ab illīs explōrantur, īrāscuntur mihi, nōn illīs; et dīcunt, Sōcratem esse quendam impūrissimum, ab eōque corrumpī adolēscentēs. At ubi aliquis eōs rogat, quibus factīs et quā doctrīnā, nihil quidem habent dīcere, sed rem ignōrant; tamen ut nē haerēre videantur, ista quae in omnēs sapientiae studiōsōs in prōmptū sunt convīcia, jaciunt, *scrūtārī eum caelestia et subterrānea, deōsque nōn statuere*, et *īnferiōrem causam efficere superiōrem*. Nam vērum, ut arbitror, nōlint dīcere, suam et scientiae simulātiōnem et rērum omnium īnscītiam patefactam esse. Quoniam igitur illī, opīnor, ambitiōsī sunt et vehementēs et multī, et dē compāctō et persuāsibiliter dē mē dīcunt, implēvērunt aurēs vestrās, et prīdem et nunc vehementer crīminandō. Ex quibus et Melētus mē adortus est et Anytus et Lycō: Melētus, quod poētārum nōmine dolet; Anytus, quod opificum et eōrum quī rempūblicam tractant; Lycō, quod nōmine rhētorum. Quāpropter, sīcut initiō dīxī, admīrer, sī ego vōbīs possim tam brevī tempore hanc invidiam eximere, in tantum auctam. Habētis, Athēniēnsēs, ea quae vēra sunt: nam ego nec magnum quicquam nec tantillum vōbīs occultāns aut dissimulāns, causam dīcō. Tametsī propemodum sciō, iīsdem vērīs dīcendīs mē in odium incurrere. Quae rēs argūmentō est, vēra mē loquī, idque esse meum crīmen, et hās reī causās esse. Itaque sīve nunc, sīve posthāc ista quaesieritis, ea ita esse inveniētis.

Πίστις Β΄

περὶ μὲν οὖν ὧν οἱ πρῶτοί μου κατήγοροι κατηγόρουν αὕτη ἔστω ἱκανὴ ἀπολογία πρὸς ὑμᾶς· πρὸς δὲ Μέλητον τὸν ἀγαθὸν καὶ φιλόπολιν, ὥς φησι, καὶ τοὺς ὑστέρους μετὰ ταῦτα πειράσομαι ἀπολογήσασθαι. αὖθις γὰρ δή, ὥσπερ ἑτέρων τούτων ὄντων κατηγόρων, λάβωμεν αὖ τὴν τούτων ἀντωμοσίαν. ἔχει δέ πως ὧδε· Σωκράτη φησὶν ἀδικεῖν τούς τε νέους διαφθείροντα καὶ θεοὺς οὓς ἡ πόλις νομίζει οὐ νομίζοντα, ἕτερα δὲ δαιμόνια καινά. τὸ μὲν δὴ ἔγκλημα τοιοῦτόν ἐστιν· τούτου δὲ τοῦ ἐγκλήματος ἓν ἕκαστον ἐξετάσωμεν. φησὶ γὰρ δὴ τοὺς νέους ἀδικεῖν με διαφθείροντα. ἐγὼ δέ γε, ὦ ἄνδρες Ἀθηναῖοι, ἀδικεῖν φημι Μέλητον, ὅτι σπουδῇ χαριεντίζεται, ῥᾳδίως εἰς ἀγῶνα καθιστὰς ἀνθρώπους, περὶ πραγμάτων προσποιούμενος σπουδάζειν καὶ κήδεσθαι ὧν οὐδὲν τούτῳ πώποτε ἐμέλησεν· ὡς δὲ τοῦτο οὕτως ἔχει, πειράσομαι καὶ ὑμῖν ἐπιδεῖξαι. καί μοι δεῦρο, ὦ Μέλητε, εἰπέ· ἄλλο τι ἢ περὶ πλείστου ποιῇ ὅπως ὡς βέλτιστοι οἱ νεώτεροι ἔσονται;

ἔγωγε.

ἴθι δή νυν εἰπὲ τούτοις, τίς αὐτοὺς βελτίους ποιεῖ; δῆλον γὰρ ὅτι οἶσθα, μέλον γέ σοι. τὸν μὲν γὰρ διαφθείροντα ἐξευρών, ὡς φής, ἐμέ, εἰσάγεις τουτοισὶ καὶ κατηγορεῖς· τὸν δὲ δὴ βελτίους ποιοῦντα ἴθι εἰπὲ καὶ μήνυσον αὐτοῖς τίς ἐστιν. —ὁρᾷς, ὦ Μέλητε, ὅτι σιγᾷς καὶ οὐκ ἔχεις εἰπεῖν; καίτοι οὐκ αἰσχρόν σοι δοκεῖ εἶναι καὶ ἱκανὸν τεκμήριον οὗ δὴ ἐγὼ λέγω, ὅτι σοι οὐδὲν μεμέληκεν; ἀλλ᾽ εἰπέ, ὠγαθέ, τίς αὐτοὺς ἀμείνους ποιεῖ;

οἱ νόμοι.

ἀλλ᾽ οὐ τοῦτο ἐρωτῶ, ὦ βέλτιστε, ἀλλὰ τίς ἄνθρωπος, ὅστις πρῶτον καὶ αὐτὸ τοῦτο οἶδε, τοὺς νόμους;

οὗτοι, ὦ Σώκρατες, οἱ δικασταί.

Cōnfūtātiō II

Dē iīs rēbus igitur, dē quibus prīmī accūsātōrēs mē accūsābant, dēfēnsiō mea satis haec sit ad vōs. Ad Melētum autem, virum optimum et cīvitātis amantem, ut ait, et ad posteriōrēs, dehinc mē cōnābor dēfendere. Jam rūrsus, quandō hī sunt aliī accūsātōrēs, eōrum sūmāmus jūrātam lītis fōrmulam. Habet autem sīc ferē: Sōcratem ait injūstē facere, quod et adolēscentēs corrumpat, et deōs, quōs cīvitās statuit, nōn statuat, sed alia daemonia nova. Tāle igitur est crīmen. Jam ejus crīminis ūnamquamque partem exāminēmus. Ait mē injūstē facere, quī corrumpam adolēscentēs. Ego autem, Athēniēnsēs, injūstē facere dīcō Melētum, quod sēriō lūdit et temere in jūdicium hominēs vocat, simulāns dē rēbus labōrāre sē et sollicitum esse, quārum nūlla ipsī umquam cūra fuit. Quod ita esse, cōnābor etiam vōbīs ostendere. Quārē dīc mihi, quaesō, Melēte: Nempe plūrimī facīs, ut adolēscentēs fīant quam optimī?

Ita.

Dīc hīs, age, quis eōs meliōrēs reddit? nōn enim dubium est quīn id sciās, quum rēs tibi cūrae sit. Nam corruptōrem, ut ais, nactus mē ad hōs ēdūcis atque accūsās. Ergō eum quī meliōrēs reddit dēmōnstrā, age dum, et ostende jūdicibus. Vidēn' tē silēre, Melēte, neque habēre quod dicās? Atquī annōn turpe hoc tibi satisque arguere vidētur, id quod ego ajō, tē nihil rem cūrāsse? Jam dīc, amābō, quis illōs reddit praestantiōrēs?

Lēgēs.

At nōn hoc rogō, vir optime; sed quis homō, quī prīmum etiam id ipsum sciat, lēgēs?

Jūdicēs hī, Sōcrate.

πῶς λέγεις, ὦ Μέλητε; οἵδε τοὺς νέους παιδεύειν οἷοί τέ εἰσι καὶ βελτίους ποιοῦσιν;

μάλιστα.

πότερον ἅπαντες, ἢ οἱ μὲν αὐτῶν, οἱ δ᾽ οὔ;

ἅπαντες.

εὖ γε νὴ τὴν Ἥραν λέγεις καὶ πολλὴν ἀφθονίαν τῶν ὠφελούντων. τί δὲ δή; οἱ δὲ ἀκροαταὶ βελτίους ποιοῦσιν ἢ οὔ;

καὶ οὗτοι.

τί δέ, οἱ βουλευταί;

καὶ οἱ βουλευταί.

ἀλλ᾽ ἄρα, ὦ Μέλητε, μὴ οἱ ἐν τῇ ἐκκλησίᾳ, οἱ ἐκκλησιασταί, διαφθείρουσι τοὺς νεωτέρους; ἢ κἀκεῖνοι βελτίους ποιοῦσιν ἅπαντες;

κἀκεῖνοι.

πάντες ἄρα, ὡς ἔοικεν, Ἀθηναῖοι καλοὺς κἀγαθοὺς ποιοῦσι πλὴν ἐμοῦ, ἐγὼ δὲ μόνος διαφθείρω. οὕτω λέγεις;

πάνυ σφόδρα ταῦτα λέγω.

πολλήν γέ μου κατέγνωκας δυστυχίαν. καί μοι ἀπόκριναι· ἦ καὶ περὶ ἵππους οὕτω σοι δοκεῖ ἔχειν; οἱ μὲν βελτίους ποιοῦντες αὐτοὺς πάντες ἄνθρωποι εἶναι, εἷς δέ τις ὁ διαφθείρων; ἢ τοὐναντίον τούτου πᾶν εἷς μέν τις ὁ βελτίους οἷός τ᾽ ὢν ποιεῖν ἢ πάνυ ὀλίγοι, οἱ ἱππικοί, οἱ δὲ πολλοὶ ἐάνπερ συνῶσι καὶ χρῶνται ἵπποις, διαφθείρουσιν; οὐχ οὕτως ἔχει, ὦ Μέλητε, καὶ περὶ ἵππων καὶ τῶν ἄλλων ἁπάντων ζῴων; πάντως δήπου, ἐάντε σὺ καὶ Ἄνυτος οὐ φῆτε ἐάντε φῆτε· πολλὴ γὰρ ἄν τις εὐδαιμονία εἴη περὶ τοὺς νέους εἰ εἷς μὲν μόνος αὐτοὺς διαφθείρει, οἱ δ᾽ ἄλλοι ὠφελοῦσιν. ἀλλὰ γάρ, ὦ Μέλητε, ἱκανῶς ἐπιδείκνυσαι ὅτι οὐδεπώποτε ἐφρόντισας τῶν νέων, καὶ σαφῶς ἀποφαίνεις τὴν σαυτοῦ ἀμέλειαν, ὅτι οὐδέν σοι μεμέληκεν

Ain' tū, Melēte? Hīne possunt ērudīre et meliōrēs reddere adolēscentēs?

Maximē.

Utrum ūnusquisque an aliī eōrum possunt, aliī nōn possunt?

Ūnusquisque.

Pulchrē, Juppiter, nārrās, et magnam cōpiam hominum juventūtī ūtilium. Quid autem? Utrum audītōrēs hī eōs meliōrēs reddunt, annōn?

Etiam hī.

Quid? Utrum senātōrēs?

Etiam senātōrēs.

At numquid, Melēte, conciōnāriī cīvēs corrumpunt juventūtem? an illī quoque eōs meliōrēs quisque reddunt?

Etiam illī.

Praeter mē igitur, quantum videō, nēmō est Athēniēnsium, quī nōn reddat probōs ac praestantēs; ego autem sōlus corrumpō. Ain' tū?

Prōrsus plānē id ajō.

Sānē magnum in mē arguis īnfortūnium. Itaque mihi respondē: Utrum etiam in equīs rēs ita esse tibi vidētur, ut quī eōs meliōrēs faciant, iī sint omnēs hominēs, ūnusque sit quīdam quī corrumpat? an contrā plānē, ut ūnus quīdam sit quī eōs possit meliōrēs facere, aut perpaucī, quī in arte equestrī versantur; plērīque autem, quum equōs tractant et iīs ūtuntur, corrumpant? annōn ita, Melēte, rēs est tum in equīs, tum in cēterīs omnibus animantibus? Certissimē, sīve tū et Anytus negātis, sīve aitis. Magna sānē quaedam fēlīcitās nostra vidētur esse in adolēscentibus, sī ūnus modo eōs corrumpit, cēterī iīs ūtilitātem praebent. Atenim satis ostendis, Melēte, numquam tibi cūrae fuisse adolēscentēs; ipseque perspicuē dēclārās negligentiam tuam, quod mē dē rēbus,

23

περὶ ὧν ἐμὲ εἰσάγεις. ἔτι δὲ ἡμῖν εἰπέ, ὦ πρὸς Διὸς Μέλητε, πότερόν ἐστιν οἰκεῖν ἄμεινον ἐν πολίταις χρηστοῖς ἢ πονηροῖς; ὦ τάν, ἀπόκριναι: οὐδὲν γάρ τοι χαλεπὸν ἐρωτῶ. οὐχ οἱ μὲν πονηροὶ κακόν τι ἐργάζονται τοὺς ἀεὶ ἐγγυτάτω αὐτῶν ὄντας, οἱ δ' ἀγαθοὶ ἀγαθόν τι;

πάνυ γε.

ἔστιν οὖν ὅστις βούλεται ὑπὸ τῶν συνόντων βλάπτεσθαι μᾶλλον ἢ ὠφελεῖσθαι; ἀποκρίνου, ὦ ἀγαθέ: καὶ γὰρ ὁ νόμος κελεύει ἀποκρίνεσθαι. ἔσθ' ὅστις βούλεται βλάπτεσθαι;

οὐ δῆτα.

φέρε δή, πότερον ἐμὲ εἰσάγεις δεῦρο ὡς διαφθείροντα τοὺς νέους καὶ πονηροτέρους ποιοῦντα ἑκόντα ἢ ἄκοντα;

ἑκόντα ἔγωγε.

τί δῆτα, ὦ Μέλητε; τοσοῦτον σὺ ἐμοῦ σοφώτερος εἶ τηλικούτου ὄντος τηλικόσδε ὤν, ὥστε σὺ μὲν ἔγνωκας ὅτι οἱ μὲν κακοὶ κακόν τι ἐργάζονται ἀεὶ τοὺς μάλιστα πλησίον ἑαυτῶν, οἱ δὲ ἀγαθοὶ ἀγαθόν, ἐγὼ δὲ δὴ εἰς τοσοῦτον ἀμαθίας ἥκω ὥστε καὶ τοῦτ' ἀγνοῶ, ὅτι ἐάν τινα μοχθηρὸν ποιήσω τῶν συνόντων, κινδυνεύσω κακόν τι λαβεῖν ὑπ' αὐτοῦ, ὥστε τοῦτο τὸ τοσοῦτον κακὸν ἑκὼν ποιῶ, ὡς φῂς σύ; ταῦτα ἐγώ σοι οὐ πείθομαι, ὦ Μέλητε, οἶμαι δὲ οὐδὲ ἄλλον ἀνθρώπων οὐδένα: ἀλλ' ἢ οὐ διαφθείρω, ἢ εἰ διαφθείρω, ἄκων, ὥστε σύ γε κατ' ἀμφότερα ψεύδῃ. εἰ δὲ ἄκων διαφθείρω, τῶν τοιούτων καὶ ἀκουσίων ἁμαρτημάτων οὐ δεῦρο νόμος εἰσάγειν ἐστίν, ἀλλὰ ἰδίᾳ λαβόντα διδάσκειν καὶ νουθετεῖν: δῆλον γὰρ ὅτι ἐὰν μάθω, παύσομαι ὅ γε ἄκων ποιῶ. σὺ δὲ συγγενέσθαι μέν μοι καὶ διδάξαι ἔφυγες καὶ οὐκ ἠθέλησας, δεῦρο δὲ εἰσάγεις, οἷ νόμος ἐστὶν εἰσάγειν τοὺς κολάσεως δεομένους ἀλλ' οὐ μαθήσεως. ἀλλὰ γάρ, ὦ ἄνδρες Ἀθηναῖοι, τοῦτο μὲν ἤδη δῆλον οὑγὼ ἔλεγον, ὅτι Μελήτῳ τούτων οὔτε μέγα οὔτε μικρὸν πώποτε ἐμέλησεν.

24

quārum procul ā tē studium fuit, ad jūdicēs ēdūcis. Sed amplius nōbīs dictū, per deum immortālem, Melēte, satiusne est habitāre inter cīvēs bonōs, an inter mālōs? Respondē, sōdēs. Nihil difficile rogō. Annōn et malī proximīs semper vīcīnīs in aliquā rē nocent, et bonī prōsunt?

Omnīnō.

Estne ergō aliquis, quī ab iīs quōrum cōnsuētūdine ūtitur, potius damnum mālit quam commodum accipere? Amābō respondē. Respondēre quidem etiam lēx jubet. Estne quī sibi velit nocērī?

Nēmō quisquam.

Age vērō, utrum hūc mē vocāstī, quod corrumpam adolēscentēs et pessimōs eōs reddam cōnsultō, an quod nōlēns?

Quod cōnsultō scīlicet.

Quid tandem adeō tū istud aetātulae, Melēte, mē sapientior es homine hōc aetātis, ut tū quidem cognitum habeās, et malōs male proximīs semper vīcīnīs facere, et bonōs bene: ego autem eō ignōrantiae vēnerim, ut hoc quoque nesciam, sī quem eōrum quibus ūtar, improbum fēcerō, mē in perīculum incurrere, nē quid ab eō malī accipiam? Tantumne ergō hoc malī voluntāte meā attrahō, ut tū ais? Hoc ego tibi nōn crēdō, Melēte, neque alius, putō, quisquam hominum crēdet; vērum aut nōn corrumpō, aut, sī corrumpō, faciō nōlēns. Ita tū quidem utrobīque mentīris. Sīn autem nōlēns corrumpō, peccātōrum tālium et involuntāriōrum nēminem mōris est arcessere, sed prīvātim prēnsum docēre et commonefacere. Nōn enim dubium est, ubi rem didicerō, mē dēstitūrum esse ab eō, quod faciam imprūdēns. Tū autem agere mēcum et mē docēre vītāstī atque nōluistī; hūc ēdūcis, quō ēdūcere mōrīs est eōs quī castīgātiōnis egent, nōn disciplīnae. Atenim illud, Athēniēnsēs, jam appāret, quod ego dīcēbam, huic Melētō rem nūllī umquam cūrae fuisse.

ὅμως δὲ δὴ λέγε ἡμῖν, πῶς με φὴς διαφθείρειν, ὦ Μέλητε, τοὺς νεωτέρους; ἢ δῆλον δὴ ὅτι κατὰ τὴν γραφὴν ἣν ἐγράψω θεοὺς διδάσκοντα μὴ νομίζειν οὓς ἡ πόλις νομίζει, ἕτερα δὲ δαιμόνια καινά; οὐ ταῦτα λέγεις ὅτι διδάσκων διαφθείρω;

πάνυ μὲν οὖν σφόδρα ταῦτα λέγω.

πρὸς αὐτῶν τοίνυν, ὦ Μέλητε, τούτων τῶν θεῶν ὧν νῦν ὁ λόγος ἐστίν, εἰπὲ ἔτι σαφέστερον καὶ ἐμοὶ καὶ τοῖς ἀνδράσιν τουτοισί. ἐγὼ γὰρ οὐ δύναμαι μαθεῖν πότερον λέγεις διδάσκειν με νομίζειν εἶναί τινας θεούς—καὶ αὐτὸς ἄρα νομίζω εἶναι θεοὺς καὶ οὐκ εἰμὶ τὸ παράπαν ἄθεος οὐδὲ ταύτῃ ἀδικῶ—οὐ μέντοι οὕσπερ γε ἡ πόλις ἀλλὰ ἑτέρους, καὶ τοῦτ’ ἔστιν ὅ μοι ἐγκαλεῖς, ὅτι ἑτέρους, ἢ παντάπασί με φὴς οὔτε αὐτὸν νομίζειν θεοὺς τούς τε ἄλλους ταῦτα διδάσκειν.

ταῦτα λέγω, ὡς τὸ παράπαν οὐ νομίζεις θεούς.

ὦ θαυμάσιε Μέλητε, ἵνα τί ταῦτα λέγεις; οὐδὲ ἥλιον οὐδὲ σελήνην ἄρα νομίζω θεοὺς εἶναι, ὥσπερ οἱ ἄλλοι ἄνθρωποι;

μὰ Δί’, ὦ ἄνδρες δικασταί, ἐπεὶ τὸν μὲν ἥλιον λίθον φησὶν εἶναι, τὴν δὲ σελήνην γῆν.

Ἀναξαγόρου οἴει κατηγορεῖν, ὦ φίλε Μέλητε; καὶ οὕτω καταφρονεῖς τῶνδε καὶ οἴει αὐτοὺς ἀπείρους γραμμάτων εἶναι ὥστε οὐκ εἰδέναι ὅτι τὰ Ἀναξαγόρου βιβλία τοῦ Κλαζομενίου γέμει τούτων τῶν λόγων; καὶ δὴ καὶ οἱ νέοι ταῦτα παρ’ ἐμοῦ μανθάνουσιν, ἃ ἔξεστιν ἐνίοτε εἰ πάνυ πολλοῦ δραχμῆς ἐκ τῆς ὀρχήστρας πριαμένοις Σωκράτους καταγελᾶν, ἐὰν προσποιῆται ἑαυτοῦ εἶναι, ἄλλως τε καὶ οὕτως ἄτοπα ὄντα; ἀλλ’, ὦ πρὸς Διός, οὑτωσί σοι δοκῶ; οὐδένα νομίζω θεὸν εἶναι;

οὐ μέντοι μὰ Δία οὐδ’ ὁπωστιοῦν.

ἄπιστός γ’ εἶ, ὦ Μέλητε, καὶ ταῦτα μέντοι, ὡς ἐμοὶ δοκεῖς, σαυτῷ. ἐμοὶ γὰρ δοκεῖ οὑτοσί, ὦ ἄνδρες Ἀθηναῖοι, πάνυ εἶναι ὑβριστὴς καὶ ἀκόλαστος, καὶ ἀτεχνῶς τὴν γραφὴν ταύτην ὕβρει

Tamen dīc nōbīs, quōmodo ais, Melēte, adolēscentulōs ā mē corrumpī? Nempe, quantum lītis ā tē agendae fōrmula indicat, eō quod doceō statuī nōn oportēre deōs quōs cīvitās statuit, sed alia daemonia nova? annōn haec docentem mē dīcis esse corruptōrem?

Immō prōrsus plānē hoc dīcō.

Ipsōrum ergō, Melēte, hōrum deōrum causā, quōrum nunc rēs agitur, velim id etiam plānius dīcās et mihi et hīsce vīrīs. Nam ego intellegere nequeō, utrum dicās docēre mē statuendōs deōs aliquōs—adeōque ipse statuō esse deōs, nec penitus tollō nūmen eōrum, neque hāc parte peccō; modo nōn eōs quōs cīvitās sed aliōs, atque hoc est illud, dē quō mē accūsās, quod aliōs; an omnīnō mē ais neque ipsum statuere deōs, et eadem cēterōs docēre.

Hoc dīcō, tē omnīnō deōs nōn statuere.

Ō mīrifice Melēte, quōrsum hoc dīcis? Ergō nē sōlem quidem nec lūnam statuō esse deōs, sīcut hominēs cēterī?

Nōn hercle, jūdicēs: nam et sōlem esse lapidem ait, et lūnam, tellūrem.

Anaxagoram ā tē accūsārī putās, dīlēcte Melēte; et ita contemnis hōs, et litterārum expertēs putās esse, ut nesciant Anaxagorae Clāzomeniī librōs hārum quaestiōnum refertōs esse. Nīmīrum haec etiam adolēscentēs ā mē discunt, quae cuivīs subinde, sī permagnō, drachma licet dē scēnā emere, ut Sōcratem irrīdeant, sī haec simulet sua esse, praesertim tam absurda. Sīcine, prō Juppiter, videor tibi nēminem statuere deum esse?

Nēminem vērō, hercle, nūllō pactō.

Rem dīcis, Melēte, quae suprā fidem sit, ac sānē, ut ego arbitror, tuam ipsīus. Vidētur enim hic mihi, Athēniēnsēs, nimis superbus et petulāns esse, plānēque superbiā quādam

τινὶ καὶ ἀκολασίᾳ καὶ νεότητι γράψασθαι. ἔοικεν γὰρ ὥσπερ αἴνιγμα συντιθέντι διαπειρωμένῳ *ἆρα γνώσεται Σωκράτης ὁ σοφὸς δὴ ἐμοῦ χαριεντιζομένου καὶ ἐναντί' ἐμαυτῷ λέγοντος, ἢ ἐξαπατήσω αὐτὸν καὶ τοὺς ἄλλους τοὺς ἀκούοντας;* οὗτος γὰρ ἐμοὶ φαίνεται τὰ ἐναντία λέγειν αὐτὸς ἑαυτῷ ἐν τῇ γραφῇ ὥσπερ ἂν εἰ εἴποι: *ἀδικεῖ Σωκράτης θεοὺς οὐ νομίζων, ἀλλὰ θεοὺς νομίζων.* καίτοι τοῦτό ἐστι παίζοντος. συνεπισκέψασθε δή, ὦ ἄνδρες, ᾗ μοι φαίνεται ταῦτα λέγειν: σὺ δὲ ἡμῖν ἀπόκριναι, ὦ Μέλητε. ὑμεῖς δέ, ὅπερ κατ' ἀρχὰς ὑμᾶς παρῃτησάμην, μέμνησθέ μοι μὴ θορυβεῖν ἐὰν ἐν τῷ εἰωθότι τρόπῳ τοὺς λόγους ποιῶμαι. ἔστιν ὅστις ἀνθρώπων, ὦ Μέλητε, ἀνθρώπεια μὲν νομίζει πράγματ' εἶναι, ἀνθρώπους δὲ οὐ νομίζει; ἀποκρινέσθω, ὦ ἄνδρες, καὶ μὴ ἄλλα καὶ ἄλλα θορυβείτω: ἔσθ' ὅστις ἵππους μὲν οὐ νομίζει, ἱππικὰ δὲ πράγματα; ἢ αὐλητὰς μὲν οὐ νομίζει εἶναι, αὐλητικὰ δὲ πράγματα; οὐκ ἔστιν, ὦ ἄριστε ἀνδρῶν: εἰ μὴ σὺ βούλει ἀποκρίνεσθαι, ἐγὼ σοὶ λέγω καὶ τοῖς ἄλλοις τουτοισί. ἀλλὰ τὸ ἐπὶ τούτῳ γε ἀπόκριναι: ἔσθ' ὅστις δαιμόνια μὲν νομίζει πράγματ' εἶναι, δαίμονας δὲ οὐ νομίζει;

οὐκ ἔστιν.

ὡς ὤνησας ὅτι μόγις ἀπεκρίνω ὑπὸ τουτωνὶ ἀναγκαζόμενος. οὐκοῦν δαιμόνια μὲν φῄς με καὶ νομίζειν καὶ διδάσκειν, εἴτ' οὖν καινὰ εἴτε παλαιά, ἀλλ' οὖν δαιμόνιά γε νομίζω κατὰ τὸν σὸν λόγον, καὶ ταῦτα καὶ διωμόσω ἐν τῇ ἀντιγραφῇ. εἰ δὲ δαιμόνια νομίζω, καὶ δαίμονας δήπου πολλὴ ἀνάγκη νομίζειν μέ ἐστιν: οὐχ οὕτως ἔχει; ἔχει δή: τίθημι γάρ σε ὁμολογοῦντα, ἐπειδὴ οὐκ ἀποκρίνῃ. τοὺς δὲ δαίμονας οὐχὶ ἤτοι θεούς γε ἡγούμεθα ἢ θεῶν παῖδας; φῂς ἢ οὔ;

πάνυ γε.

οὐκοῦν εἴπερ δαίμονας ἡγοῦμαι, ὡς σὺ φῄς, εἰ μὲν θεοί τινές εἰσιν οἱ δαίμονες, τοῦτ' ἂν εἴη ὃ ἐγώ φημί σε αἰνίττεσθαι καὶ

et intemperantiā et juvenīlī levitāte accūsātiōnem hanc suscēpisse. Dīxeris eum velut aenigmatis conditōrem experīrī, *utrum ille scīlicet sapiēns Sōcratēs intelleget mē lūdere et pugnantia dīcere, an illum cēterōsque, quī audiunt, in fraudem illiciam?* Nam videō eum sibimet ipsum contrāria dīcere in mē accūsandō, tamquam sī dīcat: *Sōcratēs injūstē facit, quod deōs nōn statuit, sed quod deōs statuit.* Atquī hoc est jocantis. Jam cōnsīderāte mēcum, Athēniēnsēs, quōmodo haec dīcere mē videātur: at tū respondē nōbīs, Melēte. Vōs autem, id quod initiō ā vōbīs petiī, meminerītis mihi nōn obstrepere, sī cōnsuētō mōre verba faciam. Estne hominum aliquis, Melēte, quī statuat rēs hūmānās esse, hominēs autem nōn statuat? Respondeat, Athēniēnsēs, et nē aliud atque aliud occlāmitet. ... Estne quī equōs nōn statuat, vērum artem equestrem? Aut quī tībiās nōn statuat, vērum tībiārum īnflandārum artem? ... Nēmō est, vir optime. Nisi tū vīs respondēre, ego tibi nārrābō et cēterīs audītōribus. Sed quod statim rogāverō, ad id respondē. Estne quī daemonia seu dīvīna esse statuat, daemonas autem seu deōs nōn statuat?

Nēmō est.

Ut jūvistī nōs! Quippe vix tandem respondistī, ab audītōribus coāctus. Annōn ergō daemonia et statuī ā mē ais et docērī, sīve nova ista seu vetera? Ita daemonia certē statuō, tē jūdice: idque etiam in fōrmulā lītis jūrejūrandō cōnfirmāstī: sed sī daemonia statuō, etiam daemonas, opīnor, ā mē statuī prōrsus necesse est. Annōn est ita? Est vērō. Sūmō enim tē affirmāre, quoniam nōn respondēs. Jam daemonas annōn aut deōs esse dūcimus, aut deōrum fīliōs? Ais an negās?

Ajō.

Sīc igitur, sī daemonas esse crēdō, ut tū ais, sīve illī diī quīdam sunt, id vērum est quod dīcō, tē perplexē loquī et

χαριεντίζεσθαι, θεοὺς οὐχ ἡγούμενον φάναι με θεοὺς αὖ ἡγεῖσθαι πάλιν, ἐπειδήπερ γε δαίμονας ἡγοῦμαι: εἰ δ' αὖ οἱ δαίμονες θεῶν παῖδές εἰσιν νόθοι τινὲς ἢ ἐκ νυμφῶν ἢ ἔκ τινων ἄλλων ὧν δὴ καὶ λέγονται, τίς ἂν ἀνθρώπων θεῶν μὲν παῖδας ἡγοῖτο εἶναι, θεοὺς δὲ μή; ὁμοίως γὰρ ἂν ἄτοπον εἴη ὥσπερ ἂν εἴ τις ἵππων μὲν παῖδας ἡγοῖτο ἢ καὶ ὄνων, τοὺς ἡμιόνους, ἵππους δὲ καὶ ὄνους μὴ ἡγοῖτο εἶναι. ἀλλ', ὦ Μέλητε, οὐκ ἔστιν ὅπως σὺ ταῦτα οὐχὶ ἀποπειρώμενος ἡμῶν ἐγράψω τὴν γραφὴν ταύτην ἢ ἀπορῶν ὅτι ἐγκαλοῖς ἐμοὶ ἀληθὲς ἀδίκημα: ὅπως δὲ σύ τινα πείθοις ἂν καὶ σμικρὸν νοῦν ἔχοντα ἀνθρώπων, ὡς οὐ τοῦ αὐτοῦ ἔστιν καὶ δαιμόνια καὶ θεῖα ἡγεῖσθαι, καὶ αὖ τοῦ αὐτοῦ μήτε δαίμονας μήτε θεοὺς μήτε ἥρωας, οὐδεμία μηχανή ἐστιν.

Παρέκβασις

ἀλλὰ γάρ, ὦ ἄνδρες Ἀθηναῖοι, ὡς μὲν ἐγὼ οὐκ ἀδικῶ κατὰ τὴν Μελήτου γραφήν, οὐ πολλῆς μοι δοκεῖ εἶναι ἀπολογίας, ἀλλὰ ἱκανὰ καὶ ταῦτα: ὃ δὲ καὶ ἐν τοῖς ἔμπροσθεν ἔλεγον, ὅτι πολλή μοι ἀπέχθεια γέγονεν καὶ πρὸς πολλούς, εὖ ἴστε ὅτι ἀληθές ἐστιν. καὶ τοῦτ' ἔστιν ὃ ἐμὲ αἱρεῖ, ἐάνπερ αἱρῇ, οὐ Μέλητος οὐδὲ Ἄνυτος ἀλλ' ἡ τῶν πολλῶν διαβολή τε καὶ φθόνος. ἃ δὴ πολλοὺς καὶ ἄλλους καὶ ἀγαθοὺς ἄνδρας ᾕρηκεν, οἶμαι δὲ καὶ αἱρήσει: οὐδὲν δὲ δεινὸν μὴ ἐν ἐμοὶ στῇ.

ἴσως ἂν οὖν εἴποι τις: εἶτ' οὐκ αἰσχύνῃ, ὦ Σώκρατες, τοιοῦτον ἐπιτήδευμα ἐπιτηδεύσας ἐξ οὗ κινδυνεύεις νυνὶ ἀποθανεῖν; ἐγὼ δὲ τούτῳ ἂν δίκαιον λόγον ἀντείποιμι, ὅτι οὐ καλῶς λέγεις, ὦ ἄνθρωπε, εἰ οἴει δεῖν κίνδυνον ὑπολογίζεσθαι τοῦ ζῆν ἢ τεθνάναι ἄνδρα ὅτου τι καὶ σμικρὸν ὄφελός ἐστιν, ἀλλ' οὐκ ἐκεῖνο μόνον σκοπεῖν ὅταν πράττῃ, πότερον δίκαια ἢ ἄδικα πράττει, καὶ ἀνδρὸς ἀγαθοῦ ἔργα ἢ κακοῦ. φαῦλοι γὰρ ἂν τῷ γε

jocārī, negantem crēdī ā mē deōs, et ajentum rūrsus deōs ā mē crēdī, quia daemonas esse crēdam: sīn illī deōrum fīliī quīdam sunt spuriī, vel ex Nymphīs, vel ex aliīs quibusdam fēminīs, quārum etiam dīcuntur, num quisquam deōrum fīliōs crēdet esse, deōs autem nōn crēdet? Aequē enim absurdum id fuerit, ac sī quis equōrum prōlem crēdat esse vel asinōrum, mūlōs, equōs autem et asinōs nōn crēdat. Quamobrem fierī nōn potest, Melēte, quīn tū aut quod vellēs haec nōs tentāre, lītem hanc mōverīs, aut quod nōn habērēs in quod mē vocārēs vērum crīmen. Ut autem cuīquam tū persuādeās hominum, quī vel paululum habeat mentis, ejusdem esse virī, et pōnere daemonia ac dīvīna, et nōn pōnere nec daemonas, nec deōs, neque hērōas, id vērō fierī nūllō modō potest.

Ēgressiō

Atenim, Athēniēnsēs, mē culpā vacuum esse ex ipsā Melētī accūsātiōne, nōn longam poscere mihi vidētur dēfēnsiōnem, sed vel haec sufficiant: quod autem suprā dīcēbam, in magnō et multōrum odiō mē versārī, id, scītōte, vērum est. Atque hoc est quod mē perdet, sī quid perdet, nōn Melētus, neque Anytus, sed vulgī crīminātiō et invidia; quae rēs multōs etiam aliōs eōsque bonōs virōs perdidērunt, atque in posterum, crēdō, perdent: neque adeō metuendum erat nē illa vīs in mē dēficeret.

Jam dīcat forsitan aliquis: *Et nōn tē pudet, Sōcrate, eō ūsum esse vītae īnstitūtō, unde impendeat nunc tibi perīculum mortis?* Huic ego jūstissimē ita respondēbō: *Haud rēctē dīcis, mī homō, sī vīvendī aut moriendī perīculum putās reputandum esse ab eō, cujus vel mediocris sit virtūs, et nōn ūnum potius illud spectandum, sī quid agat, utrum jūstē an injūstē agat, bonīque an malī virī fungātur officiō.* Nam istā quidem

σῷ λόγῳ εἶεν τῶν ἡμιθέων ὅσοι ἐν Τροίᾳ τετελευτήκασιν οἵ τε ἄλλοι καὶ ὁ τῆς Θέτιδος υἱός, ὃς τοσοῦτον τοῦ κινδύνου κατεφρόνησεν παρὰ τὸ αἰσχρόν τι ὑπομεῖναι ὥστε, ἐπειδὴ εἶπεν ἡ μήτηρ αὐτῷ προθυμουμένῳ Ἕκτορα ἀποκτεῖναι, θεὸς οὖσα, οὑτωσί πως, ὡς ἐγὼ οἶμαι: *ὦ παῖ, εἰ τιμωρήσεις Πατρόκλῳ τῷ ἑταίρῳ τὸν φόνον καὶ Ἕκτορα ἀποκτενεῖς, αὐτὸς ἀποθανῇ— αὐτίκα γάρ τοι, φησί, μεθ' Ἕκτορα πότμος ἑτοῖμος*—ὁ δὲ τοῦτο ἀκούσας τοῦ μὲν θανάτου καὶ τοῦ κινδύνου ὠλιγώρησε, πολὺ δὲ μᾶλλον δείσας τὸ ζῆν κακὸς ὢν καὶ τοῖς φίλοις μὴ τιμωρεῖν, *αὐτίκα, φησί, τεθναίην, δίκην ἐπιθεὶς τῷ ἀδικοῦντι, ἵνα μὴ ἐνθάδε μένω καταγέλαστος παρὰ νηυσὶ κορωνίσιν ἄχθος ἀρούρης.* μὴ αὐτὸν οἴει φροντίσαι θανάτου καὶ κινδύνου;

οὕτω γὰρ ἔχει, ὦ ἄνδρες Ἀθηναῖοι, τῇ ἀληθείᾳ: οὗ ἄν τις ἑαυτὸν τάξῃ ἡγησάμενος βέλτιστον εἶναι ἢ ὑπ' ἄρχοντος ταχθῇ, ἐνταῦθα δεῖ, ὡς ἐμοὶ δοκεῖ, μένοντα κινδυνεύειν, μηδὲν ὑπολογιζόμενον μήτε θάνατον μήτε ἄλλο μηδὲν πρὸ τοῦ αἰσχροῦ. ἐγὼ οὖν δεινὰ ἂν εἴην εἰργασμένος, ὦ ἄνδρες Ἀθηναῖοι, εἰ ὅτε μέν με οἱ ἄρχοντες ἔταττον, οὓς ὑμεῖς εἵλεσθε ἄρχειν μου, καὶ ἐν Ποτειδαίᾳ καὶ ἐν Ἀμφιπόλει καὶ ἐπὶ Δηλίῳ, τότε μὲν οὗ ἐκεῖνοι ἔταττον ἔμενον ὥσπερ καὶ ἄλλος τις καὶ ἐκινδύνευον ἀποθανεῖν, τοῦ δὲ θεοῦ τάττοντος, ὡς ἐγὼ ᾠήθην τε καὶ ὑπέλαβον, φιλοσοφοῦντά με δεῖν ζῆν καὶ ἐξετάζοντα ἐμαυτὸν καὶ τοὺς ἄλλους, ἐνταῦθα δὲ φοβηθεὶς ἢ θάνατον ἢ ἄλλ' ὁτιοῦν πρᾶγμα λίποιμι τὴν τάξιν. δεινόν τἂν εἴη, καὶ ὡς ἀληθῶς τότ' ἄν με δικαίως εἰσάγοι τις εἰς δικαστήριον, ὅτι οὐ νομίζω θεοὺς εἶναι ἀπειθῶν τῇ μαντείᾳ καὶ δεδιὼς θάνατον καὶ οἰόμενος σοφὸς εἶναι οὐκ ὤν. τὸ γάρ τοι θάνατον δεδιέναι, ὦ ἄνδρες, οὐδὲν ἄλλο ἐστὶν ἢ δοκεῖν σοφὸν εἶναι μὴ ὄντα: δοκεῖν γὰρ εἰδέναι ἐστὶν ἃ οὐκ οἶδεν. οἶδε μὲν γὰρ οὐδεὶς τὸν θάνατον οὐδ' εἰ τυγχάνει τῷ ἀνθρώπῳ πάντων μέγιστον ὂν τῶν ἀγαθῶν, δεδίασι δ' ὡς εὖ

tuā ratiōne vitiōsī forent hērōēs illī, quotquot ad Trojam occubuērunt, tum cēterī, tum Thetidis fīlius: quī adeō perīculum contempsit prae subeundā aliquā turpitūdine, ut, postquam eī occīdere cupientī Hectorem, dīxisset māter, quae quidem erat dea, sīc ferē, ut opīnor: *Fīlī, sī Patroclī amīcī caedem ulcīscēre, atque Hectorem interficiēs, ipse moriēre—illicō enim jam,* inquit, *post Hectora nex tibi certa est—*ille igitur, hīs audītis, mortem ac perīculum parvī pendēns, multōque magis metuēns vīvere ignāvus, et amīcōs nōn ulcīscī, *illicō sīc,* inquit, *moriar, injūriam persequūtus ejus quī laesit, nē dērīdendus hīc maneam curvās ad nāvēs, tellūris inūtile pondus.* Numne illum putās cūrāsse mortem ac perīculum?

Ita enim rēs est plānē, Athēniēnsēs: quō quisque in locō sē statuerit ipse, quod optimum arbitrārētur sequūtus, aut ā praefectō statūtus fuerit, ibi eum oportet meō jūdiciō perstāre et dīmicāre, nihil nec mortem neque aliud quicquam reputantem prae turpitūdine. Itaque sī ego ōlim, quum statuērunt mē praefectī, quī ā vōbīs cum imperiō in mē creātī erant, et in Potidaeā et in Amphipolī et ad Dēlium, tum quō in locō statuērunt, mānsī nōn secus quam quīlibet alius, et vītae perīculum adiī: nunc graviter dēlinquam, Athēniēnsēs, sī, quum deus mē, ut ego putāvī atque in animum indūxī, hūc statuerit ut vīverem occupātus in sapientiā quaerendā in mēque ipsō et cēterīs explōrandīs, ibi aut mortis aut alius cujusquam reī metū dē statiōne discēdam. Indignum profectō sit, et meritissimō mē aliquis in jūs ēducat, quod deōs esse nōn crēdam, ut quī ōrāculō fidem nōn habuerim, mortemque metuam, et sapiēns esse mihi videar, quī nōn sim. Nihil enim, cīvēs, aliud est, metuere mortem, quam vidērī sibi sapientem esse, quī nōn sit. Est enim, quae nescit, vidērī scīre. Nam quid sit mors, nēmō scit; nē id quidem an hominī sit omnium maximum bonōrum: sed metuunt,

εἰδότες ὅτι μέγιστον τῶν κακῶν ἐστι. καίτοι πῶς οὐκ ἀμαθία ἐστὶν αὕτη ἡ ἐπονείδιστος, ἡ τοῦ οἴεσθαι εἰδέναι ἃ οὐκ οἶδεν;

ἐγὼ δ᾽, ὦ ἄνδρες, τούτῳ καὶ ἐνταῦθα ἴσως διαφέρω τῶν πολλῶν ἀνθρώπων, καὶ εἰ δή τῳ σοφώτερός του φαίην εἶναι, τούτῳ ἄν, ὅτι οὐκ εἰδὼς ἱκανῶς περὶ τῶν ἐν Ἅιδου οὕτω καὶ οἴομαι οὐκ εἰδέναι· τὸ δὲ ἀδικεῖν καὶ ἀπειθεῖν τῷ βελτίονι καὶ θεῷ καὶ ἀνθρώπῳ, ὅτι κακὸν καὶ αἰσχρόν ἐστιν οἶδα. πρὸ οὖν τῶν κακῶν ὧν οἶδα ὅτι κακά ἐστιν, ἃ μὴ οἶδα εἰ καὶ ἀγαθὰ ὄντα τυγχάνει οὐδέποτε φοβήσομαι οὐδὲ φεύξομαι· ὥστε οὐδ᾽ εἴ με νῦν ὑμεῖς ἀφίετε Ἀνύτῳ ἀπιστήσαντες, ὃς ἔφη ἢ τὴν ἀρχὴν οὐ δεῖν ἐμὲ δεῦρο εἰσελθεῖν ἤ, ἐπειδὴ εἰσῆλθον, οὐχ οἷόν τ᾽ εἶναι τὸ μὴ ἀποκτεῖναί με, λέγων πρὸς ὑμᾶς ὡς εἰ διαφευξοίμην ἤδη ἂν ὑμῶν οἱ ὑεῖς ἐπιτηδεύοντες ἃ Σωκράτης διδάσκει πάντες παντάπασι διαφθαρήσονται—εἴ μοι πρὸς ταῦτα εἴποιτε· ὦ Σώκρατες, νῦν μὲν Ἀνύτῳ οὐ πεισόμεθα ἀλλ᾽ ἀφίεμέν σε, ἐπὶ τούτῳ μέντοι, ἐφ᾽ ᾧτε μηκέτι ἐν ταύτῃ τῇ ζητήσει διατρίβειν μηδὲ φιλοσοφεῖν· ἐὰν δὲ ἁλῷς ἔτι τοῦτο πράττων, ἀποθανῇ—εἰ οὖν με, ὅπερ εἶπον, ἐπὶ τούτοις ἀφίοιτε, εἴποιμ᾽ ἂν ὑμῖν ὅτι ἐγὼ ὑμᾶς, ὦ ἄνδρες Ἀθηναῖοι, ἀσπάζομαι μὲν καὶ φιλῶ, πείσομαι δὲ μᾶλλον τῷ θεῷ ἢ ὑμῖν, καὶ ἕωσπερ ἂν ἐμπνέω καὶ οἷός τε ὦ, οὐ μὴ παύσωμαι φιλοσοφῶν καὶ ὑμῖν παρακελευόμενός τε καὶ ἐνδεικνύμενος ὅτῳ ἂν ἀεὶ ἐντυγχάνω ὑμῶν, λέγων οἷάπερ εἴωθα, ὅτι ὦ ἄριστε ἀνδρῶν, Ἀθηναῖος ὤν, πόλεως τῆς μεγίστης καὶ εὐδοκιμωτάτης εἰς σοφίαν καὶ ἰσχύν, χρημάτων μὲν οὐκ αἰσχύνῃ ἐπιμελούμενος ὅπως σοι ἔσται ὡς πλεῖστα, καὶ δόξης καὶ τιμῆς, φρονήσεως δὲ καὶ ἀληθείας καὶ τῆς ψυχῆς ὅπως ὡς βελτίστη ἔσται οὐκ ἐπιμελῇ οὐδὲ φροντίζεις; καὶ ἐάν τις ὑμῶν ἀμφισβητήσῃ καὶ φῇ ἐπιμελεῖσθαι, οὐκ εὐθὺς ἀφήσω αὐτὸν οὐδ᾽ ἄπειμι, ἀλλ᾽ ἐρήσομαι αὐτὸν καὶ ἐξετάσω καὶ ἐλέγξω, καὶ ἐάν μοι μὴ δοκῇ κεκτῆσθαι ἀρετήν, φάναι δέ, ὀνειδιῶ ὅτι τὰ πλείστου

quasi probē sciant maximum malōrum esse. Atque hoc nōnne mānat ex probrōsā istā īnscītiā, quum quis putat sē scīre ea quae nescit?

Ego autem, cīvēs, hāc rē fortasse hīc quoque vulgus hominum antecellō; et sī in aliquā rē mē sapientiōrem quōquam dīxerim esse, in hōc dīxerim, quod, quum nōn satis sciam dē rēbus, quae sunt apud īnferōs, etiam videor mihi nihil scīre. At injūsta facere et nōn pārēre meliōrī, sīve deō sīve hominī, id malum et turpe esse sciō. Prae malīs igitur, quae mala esse sciō, ea quae nesciō an forte sint bona, numquam metuam, neque fugiam. Quārē nē nunc quidem, sī mē absolvitis, Anytō nōn obsecūtī, quī dīxit mē aut omnīnō nōn ēdūcendum hūc fuisse, aut semel ēductum, utique morte multandum esse, monēns vōs, sī ēvāserō, fore mox ut fīliī vestrī ea, quae Sōcratēs doceat, sectantēs, omnēs penitus corrumpantur—sī jam mihi dīcātis: *Sōcrate, nunc quidem Anytō nōn obsequēmur, sed absolvimus tē, hāc tamen condiciōne nē longius in istō exāmine aut in sapientiā quaerendā versēre; sīn posthāc prehēnsus fueris in eā operā, moriere*—sī inquam, eā lēge mē absolverītis, sīc respondēbō vōbīs: Ego vōs, Athēniēnsēs, in magnō honōre atque amōre habeō, sed deō magis pārēbō quam vōbīs; et, quoad spīrō ac possum, haud dēsinam sapientiam quaerere, vōsque adhortārī et admonēre, quotiēs alicui vestrum occurrerō, hāc quā suēvī ōrātiōne: *Optime vir, Athēnīs nātus quum sīs, urbe maximā et laudātissimā ob sapientiam et fortitūdinem, opēs quidem ut tibi sint quam plūrimae, utque glōria sit et honor, nōn tē pudet cūrāre; at prūdentiam et vēritātem et ut animus tuus quam optimus fīat, nōn cūrās, neque studēs.* Et sī quis vestrum contrōversētur eaque sē dīcat cūrāre, nōn statim dīmittam eum, nec discēdam, sed interrogābō et exāminābō et redarguam; et sī mihi nōn vidēbitur possidēre virtūtem, idque dīcere tamen, exprobrābō,

ἄξια περὶ ἐλαχίστου ποιεῖται, τὰ δὲ φαυλότερα περὶ πλείονος. ταῦτα καὶ νεωτέρῳ καὶ πρεσβυτέρῳ ὅτῳ ἂν ἐντυγχάνω ποιήσω, καὶ ξένῳ καὶ ἀστῷ, μᾶλλον δὲ τοῖς ἀστοῖς, ὅσῳ μου ἐγγυτέρω ἐστὲ γένει. ταῦτα γὰρ κελεύει ὁ θεός, εὖ ἴστε, καὶ ἐγὼ οἴομαι οὐδέν πω ὑμῖν μεῖζον ἀγαθὸν γενέσθαι ἐν τῇ πόλει ἢ τὴν ἐμὴν τῷ θεῷ ὑπηρεσίαν. οὐδὲν γὰρ ἄλλο πράττων ἐγὼ περιέρχομαι ἢ πείθων ὑμῶν καὶ νεωτέρους καὶ πρεσβυτέρους μήτε σωμάτων ἐπιμελεῖσθαι μήτε χρημάτων πρότερον μηδὲ οὕτω σφόδρα ὡς τῆς ψυχῆς ὅπως ὡς ἀρίστη ἔσται, λέγων ὅτι οὐκ ἐκ χρημάτων ἀρετὴ γίγνεται, ἀλλ’ ἐξ ἀρετῆς χρήματα καὶ τὰ ἄλλα ἀγαθὰ τοῖς ἀνθρώποις ἅπαντα καὶ ἰδίᾳ καὶ δημοσίᾳ. εἰ μὲν οὖν ταῦτα λέγων διαφθείρω τοὺς νέους, ταῦτ’ ἂν εἴη βλαβερά· εἰ δέ τίς μέ φησιν ἄλλα λέγειν ἢ ταῦτα, οὐδὲν λέγει. *πρὸς ταῦτα φαίην ἂν ὦ ἄνδρες Ἀθηναῖοι, ἢ πείθεσθε Ἀνύτῳ ἢ μή, καὶ ἢ ἀφίετέ με ἢ μή, ὡς ἐμοῦ οὐκ ἂν ποιήσαντος ἄλλα, οὐδ’ εἰ μέλλω πολλάκις τεθνάναι.*

μὴ θορυβεῖτε, ὦ ἄνδρες Ἀθηναῖοι, ἀλλ’ ἐμμείνατέ μοι οἷς ἐδεήθην ὑμῶν, μὴ θορυβεῖν ἐφ’ οἷς ἂν λέγω ἀλλ’ ἀκούειν· καὶ γάρ, ὡς ἐγὼ οἶμαι, ὀνήσεσθε ἀκούοντες. μέλλω γὰρ οὖν ἄττα ὑμῖν ἐρεῖν καὶ ἄλλα ἐφ’ οἷς ἴσως βοήσεσθε· ἀλλὰ μηδαμῶς ποιεῖτε τοῦτο. εὖ γὰρ ἴστε, ἐάν με ἀποκτείνητε τοιοῦτον ὄντα οἷον ἐγὼ λέγω, οὐκ ἐμὲ μείζω βλάψετε ἢ ὑμᾶς αὐτούς· ἐμὲ μὲν γὰρ οὐδὲν ἂν βλάψειεν οὔτε Μέλητος οὔτε Ἄνυτος—οὐδὲ γὰρ ἂν δύναιτο— οὐ γὰρ οἴομαι θεμιτὸν εἶναι ἀμείνονι ἀνδρὶ ὑπὸ χείρονος βλάπτεσθαι. ἀποκτείνειε μεντἂν ἴσως ἢ ἐξελάσειεν ἢ ἀτιμώσειεν· ἀλλὰ ταῦτα οὗτος μὲν ἴσως οἴεται καὶ ἄλλος τίς που μεγάλα κακά, ἐγὼ δ’ οὐκ οἴομαι, ἀλλὰ πολὺ μᾶλλον ποιεῖν ἃ οὑτοσὶ νῦν ποιεῖ, ἄνδρα ἀδίκως ἐπιχειρεῖν ἀποκτεινύναι. νῦν οὖν, ὦ ἄνδρες Ἀθηναῖοι, πολλοῦ δέω ἐγὼ ὑπὲρ ἐμαυτοῦ ἀπολογεῖσθαι, ὥς τις ἂν οἴοιτο, ἀλλὰ ὑπὲρ ὑμῶν, μή τι ἐξαμάρτητε περὶ τὴν τοῦ θεοῦ δόσιν ὑμῖν ἐμοῦ καταψηφισάμενοι. ἐὰν γάρ με ἀποκτείνητε, οὐ

quod rēs plūrimī aestimandās minimī pendat, vīliōrēs autem plūribus. Ita et jūniōrī et seniōrī, cuicumque occurrerō, faciam, sīve hospitī sīve cīvī; magis tamen cīvibus, quō mihi propiōrēs estis genere. Nam id jubet, scītōte, deus; et ego arbitror nūllumdum vōbīs bonum contigisse in cīvitāte majus quam hoc meum deō obsequium. Nihil enim circumiēns aliud agō nisi ut suādeam et jūniōribus et seniōribus vestrum, nē corporum studiō sē dēdant aut opum prius, aut cujusquam alius reī tam intentē, quam animī ad optimam ratiōnem fōrmandī; monēns nōn ex opibus exsistere virtūtem, sed ex virtūte opēs et cētera omnia hominibus bona, tum prīvātim tum pūblicē. Quae sī dīcēns corrumpō adolēscentēs, perniciōsa haec sānē fuerint; sīn quis alia mē dīcere ait praeter illa, nihil dīcit. Quōcircā ita responderim: *Athēniēnsēs, sīve pārēbitis Anytō, sīve nōn; seu dīmittētis mē, seu nōn: sīc habētōte, nōn aliter factūrum mē esse, etiamsī saepe mihi sit moriendum.*

Nē tumultuēminī, Athēniēnsēs, sed quod vōs rogāvī, servāte mihi ut nē tumultuēminī ob ea quae dīcō, sed audiātis. Nam juvābit vōs, ut opīnor, audītiō. Etenim dictūrus vōbīs nunc sum alia quaedam, quibus fortasse reclāmābitis; at nōlīte hoc facere. Profectō enim, sī mē occīdētis, tālem quālem ego dīcō, nōn mē magis laedētis quam vōsmet ipsōs. Mē enim nēquāquam laedet nec Melētus, nec Anytus; nam nē poterunt quidem. Nōn enim fās esse arbitror meliōrem virum laedī ā dēteriōre. Occīdet mē fortasse aut expellet aut ignōminia notābit; et haec quidem fortasse hic aut alius quispiam, crēdō, maxima māla putat; sed ego nōn putō, vērum multō magis, sī quis facit quod nunc hice facit, quum hominem occīdere audet. Nunc igitur, Athēniēnsēs, ego minimē meā causā haec dīcō, ut nōn nēmō putet, sed vestrā causā, nē peccētis in dōnō, quod deus vōbīs dēdit, mē condemnandō. Sī enim mē occīderitis, nōn

ῥᾳδίως ἄλλον τοιοῦτον εὑρήσετε, ἀτεχνῶς—εἰ καὶ γελοιότερον εἰπεῖν—προσκείμενον τῇ πόλει ὑπὸ τοῦ θεοῦ ὥσπερ ἵππῳ μεγάλῳ μὲν καὶ γενναίῳ, ὑπὸ μεγέθους δὲ νωθεστέρῳ καὶ δεομένῳ ἐγείρεσθαι ὑπὸ μύωπός τινος, οἷον δή μοι δοκεῖ ὁ θεὸς ἐμὲ τῇ πόλει προστεθηκέναι τοιοῦτόν τινα, ὃς ὑμᾶς ἐγείρων καὶ πείθων καὶ ὀνειδίζων ἕνα ἕκαστον οὐδὲν παύομαι τὴν ἡμέραν ὅλην πανταχοῦ προσκαθίζων. τοιοῦτος οὖν ἄλλος οὐ ῥᾳδίως ὑμῖν γενήσεται, ὦ ἄνδρες, ἀλλ᾽ ἐὰν ἐμοὶ πείθησθε, φείσεσθέ μου· ὑμεῖς δ᾽ ἴσως τάχ᾽ ἂν ἀχθόμενοι, ὥσπερ οἱ νυστάζοντες ἐγειρόμενοι, κρούσαντες ἄν με, πειθόμενοι Ἀνύτῳ, ῥᾳδίως ἂν ἀποκτείναιτε, εἶτα τὸν λοιπὸν βίον καθεύδοντες διατελοῖτε ἄν, εἰ μή τινα ἄλλον ὁ θεὸς ὑμῖν ἐπιπέμψειεν κηδόμενος ὑμῶν. ὅτι δ᾽ ἐγὼ τυγχάνω ὢν τοιοῦτος οἷος ὑπὸ τοῦ θεοῦ τῇ πόλει δεδόσθαι, ἐνθένδε ἂν κατανοήσαιτε· οὐ γὰρ ἀνθρωπίνῳ ἔοικε τὸ ἐμὲ τῶν μὲν ἐμαυτοῦ πάντων ἠμεληκέναι καὶ ἀνέχεσθαι τῶν οἰκείων ἀμελουμένων τοσαῦτα ἤδη ἔτη, τὸ δὲ ὑμέτερον πράττειν ἀεί, ἰδίᾳ ἑκάστῳ προσιόντα ὥσπερ πατέρα ἢ ἀδελφὸν πρεσβύτερον πείθοντα ἐπιμελεῖσθαι ἀρετῆς. καὶ εἰ μέν τι ἀπὸ τούτων ἀπέλαυον καὶ μισθὸν λαμβάνων ταῦτα παρεκελευόμην, εἶχον ἄν τινα λόγον· νῦν δὲ ὁρᾶτε δὴ καὶ αὐτοὶ ὅτι οἱ κατήγοροι τἆλλα πάντα ἀναισχύντως οὕτω κατηγοροῦντες τοῦτό γε οὐχ οἷοί τε ἐγένοντο ἀπαναισχυντῆσαι παρασχόμενοι μάρτυρα, ὡς ἐγώ ποτέ τινα ἢ ἐπραξάμην μισθὸν ἢ ᾔτησα. ἱκανὸν γάρ, οἶμαι, ἐγὼ παρέχομαι τὸν μάρτυρα ὡς ἀληθῆ λέγω, τὴν πενίαν.

ἴσως ἂν οὖν δόξειεν ἄτοπον εἶναι, ὅτι δὴ ἐγὼ ἰδίᾳ μὲν ταῦτα συμβουλεύω περιιὼν καὶ πολυπραγμονῶ, δημοσίᾳ δὲ οὐ τολμῶ ἀναβαίνων εἰς τὸ πλῆθος τὸ ὑμέτερον συμβουλεύειν τῇ πόλει. τούτου δὲ αἴτιόν ἐστιν ὃ ὑμεῖς ἐμοῦ πολλάκις ἀκηκόατε πολλαχοῦ λέγοντος, ὅτι μοι θεῖόν τι καὶ δαιμόνιον γίγνεται φωνή, ὃ δὴ καὶ ἐν τῇ γραφῇ ἐπικωμῳδῶν Μέλητος ἐγράψατο.

facile tālem inveniētis alium, ita plānē—quamquam dictū rīdiculum erit—appositum ā deō cīvitātī, velut magnō et generōsō equō, sed ob magnitūdinem sēgniōre, et quī incitāmentō eget calcāris cujusdam: quālem mihi vidētur deus addidisse mē cīvitātī, quī vōs incitem et impellam et objūrgem singulōs, neque cessem tōtum diem omnibus locīs vōbīs assidēre. Tālis ergō alius nōn facile vōbīs continget, cīvēs. Quārē, mē sī audiētis, parcētis mihi. At vōs offēnsī forsitan, velut dormītantēs quum excitantur, mē fēriētis, atque Anytō obsequūtī, temere occīdētis; posthāc reliquum tempus perdormīscētis, nisi quem alium deus vōbīs mīserit, cūrā permōtus vestrī. Mē autem tālem esse, quī ā deō cīvitātī datus videar, hinc cognōscere poteritis. Nīmīrum nōn hūmānum vidētur, quod ego mea omnia neglēxī, rēsque domesticās tot jam annōs pessumīre sīvī, vestram autem rem assiduē cūrō, prīvātim quemque adiēns, tamquam pater aut frāter major, et ad studium impellēns virtūtis. Quodsī ūllum ex eā rē caperem frūctum, aut mercēdem quaererem ex hīs adhortātiōnibus, esset sānē aliqua reī ratiō: nunc ipsī vidētis, hōs accūsātōrēs, quum in cēterīs omnibus tam impudenter accūsārint, tamen nōn dēpuduisse adeō, ut adhibērent quī testārētur, mē ūllam umquam mercēdem aut exēgisse aut postulāvisse. Contrā enim, opīnor, idōneum ego adhibeō testem, vēra mē dīcere, paupertātem.

Fortasse igitur mīrābile videātur, quod, quum ita prīvātim quemque cōnsiliō juvem circumiēns atque aliēna cūrāns, pūblicē nōn audeō prōdīre in conciōnem vestram, ut cōnsiliō juvem cīvitātem. Sed ejus reī causa est, quam vōbīs audientibus saepe multīs in locīs exposuī, solitum mihi fierī ōmen quoddam dīvīnum et daemonium; quod etiam in scrīptā accūsātiōne suā Melētus

ἐμοὶ δὲ τοῦτ' ἔστιν ἐκ παιδὸς ἀρξάμενον, φωνή τις γιγνομένη, ἣ ὅταν γένηται, ἀεὶ ἀποτρέπει με τοῦτο ὃ ἂν μέλλω πράττειν, προτρέπει δὲ οὔποτε. τοῦτ' ἔστιν ὅ μοι ἐναντιοῦται τὰ πολιτικὰ πράττειν, καὶ παγκάλως γέ μοι δοκεῖ ἐναντιοῦσθαι: εὖ γὰρ ἴστε, ὦ ἄνδρες Ἀθηναῖοι, εἰ ἐγὼ πάλαι ἐπεχείρησα πράττειν τὰ πολιτικὰ πράγματα, πάλαι ἂν ἀπολώλη καὶ οὔτ' ἂν ὑμᾶς ὠφελήκη οὐδὲν οὔτ' ἂν ἐμαυτόν. καί μοι μὴ ἄχθεσθε λέγοντι τἀληθῆ: οὐ γὰρ ἔστιν ὅστις ἀνθρώπων σωθήσεται οὔτε ὑμῖν οὔτε ἄλλῳ πλήθει οὐδενὶ γνησίως ἐναντιούμενος καὶ διακωλύων πολλὰ ἄδικα καὶ παράνομα ἐν τῇ πόλει γίγνεσθαι, ἀλλ' ἀναγκαῖόν ἐστι τὸν τῷ ὄντι μαχούμενον ὑπὲρ τοῦ δικαίου, καὶ εἰ μέλλει ὀλίγον χρόνον σωθήσεσθαι, ἰδιωτεύειν ἀλλὰ μὴ δημοσιεύειν. μεγάλα δ' ἔγωγε ὑμῖν τεκμήρια παρέξομαι τούτων, οὐ λόγους ἀλλ' ὃ ὑμεῖς τιμᾶτε, ἔργα. ἀκούσατε δή μοι τὰ συμβεβηκότα, ἵνα εἰδῆτε ὅτι οὐδ' ἂν ἑνὶ ὑπεικάθοιμι παρὰ τὸ δίκαιον δείσας θάνατον, μὴ ὑπείκων δὲ ἀλλὰ κἂν ἀπολοίμην. ἐρῶ δὲ ὑμῖν φορτικὰ μὲν καὶ δικανικά, ἀληθῆ δέ. ἐγὼ γάρ, ὦ ἄνδρες Ἀθηναῖοι, ἄλλην μὲν ἀρχὴν οὐδεμίαν πώποτε ἦρξα ἐν τῇ πόλει, ἐβούλευσα δέ: καὶ ἔτυχεν ἡμῶν ἡ φυλὴ Ἀντιοχὶς πρυτανεύουσα ὅτε ὑμεῖς τοὺς δέκα στρατηγοὺς τοὺς οὐκ ἀνελομένους τοὺς ἐκ τῆς ναυμαχίας ἐβουλεύσασθε ἀθρόους κρίνειν, παρανόμως, ὡς ἐν τῷ ὑστέρῳ χρόνῳ πᾶσιν ὑμῖν ἔδοξεν. τότ' ἐγὼ μόνος τῶν πρυτάνεων ἠναντιώθην ὑμῖν μηδὲν ποιεῖν παρὰ τοὺς νόμους καὶ ἐναντία ἐψηφισάμην: καὶ ἑτοίμων ὄντων ἐνδεικνύναι με καὶ ἀπάγειν τῶν ῥητόρων, καὶ ὑμῶν κελευόντων καὶ βοώντων, μετὰ τοῦ νόμου καὶ τοῦ δικαίου ᾤμην μᾶλλόν με δεῖν διακινδυνεύειν ἢ μεθ' ὑμῶν γενέσθαι μὴ δίκαια βουλευομένων, φοβηθέντα δεσμὸν ἢ θάνατον. καὶ ταῦτα μὲν ἦν ἔτι δημοκρατουμένης τῆς πόλεως: ἐπειδὴ δὲ ὀλιγαρχία ἐγένετο, οἱ τριάκοντα αὖ μεταπεμψάμενοί με

dērīsit. Mihi vērō illud jam ā puerō audīrī coeptum est, vōx quaedam, quae quum audītur, semper repellit mē ab eō quod forte factūrus sum, impellit autem numquam. Idque est quod mihi adversātur nē rempūblicam tractem; ac pulcherrimē adversārī mihi vidētur. Nam profectō, Athēniēnsēs, sī ego prīdem aggressus essem pūblica negōtia tractāre, prīdem periissem, neque aut vōbīs ūtilitātis quicquam attulissem, aut mihimet ipsī. At nē succēnsēte mihi, vēra dīcentī. Nēmō enim hominum salvus erit, quī aut vōbīs aut cuicumque aliī populō ingenuē adversētur, multaque contrā jūs et lēgēs in cīvitāte fierī prohibeat; sed necesse est vērē pugnātūrum prō jūre, sī salvus esse vel brevī tempore volet, prīvātum agere, neque rempūblicam capessere. Gravia equidem dabō vōbīs argūmenta ejus reī, nōn dicta, sed, quod vōs magnī dūcitis, facta. Audīte ergō mihi quae accidērunt, ut cognōscātis nēminī mē contrā officium cēdere metū mortis, quamvīs nōn cēdendō jam jamque perierim. Dīcam autem vōbīs gravia et jūdiciāria, sed vēra tamen. Namque ego, Athēniēnsēs, nūllō umquam pūblicō mūnere sum fūnctus, praeterquam senātōriō; ac forte quondam tribus nostra Antiochīs locum prytānicum sortīta erat, quum vōs decem praetōrēs illōs, quī corpora in proeliō nāvālī caesōrum nōn sustulerant, cūnctōs ūnā sententiā damnārī jussistis, contrā lēgēs, sīcut posterius vōbīs omnibus vīsum est: tum ego sōlus ē prytanibus adversātus sum vōbīs, quō minus quid facerētis contrārium lēgibus, dīversumque mihi calculum: et quum rhētorēs parātī essent mē dēferre atque in jūs ēdūcere, vōsque id jubērētis et acclāmārētis, ego mihi ex lēge et jūstō perīculum potius subeundum dūxī quam vōbīscum, injūsta dēcernentibus, faciendum terrōre vinculōrum aut mortis. Atque haec quidem fīēbant tum, quum adhūc populāre in cīvitāte imperium erat: quum illud autem ad paucōs pervēnisset, Trīgintāvirī rūrsus mē arcessīvērunt cum

πέμπτον αὐτὸν εἰς τὴν θόλον προσέταξαν ἀγαγεῖν ἐκ Σαλαμῖνος Λέοντα τὸν Σαλαμίνιον ἵνα ἀποθάνοι, οἷα δὴ καὶ ἄλλοις ἐκεῖνοι πολλοῖς πολλὰ προσέταττον, βουλόμενοι ὡς πλείστους ἀναπλῆσαι αἰτιῶν. τότε μέντοι ἐγὼ οὐ λόγῳ ἀλλ' ἔργῳ αὖ ἐνεδειξάμην ὅτι ἐμοὶ θανάτου μὲν μέλει, εἰ μὴ ἀγροικότερον ἦν εἰπεῖν, οὐδ' ὁτιοῦν, τοῦ δὲ μηδὲν ἄδικον μηδ' ἀνόσιον ἐργάζεσθαι, τούτου δὲ τὸ πᾶν μέλει. ἐμὲ γὰρ ἐκείνη ἡ ἀρχὴ οὐκ ἐξέπληξεν, οὕτως ἰσχυρὰ οὖσα, ὥστε ἄδικόν τι ἐργάσασθαι, ἀλλ' ἐπειδὴ ἐκ τῆς θόλου ἐξήλθομεν, οἱ μὲν τέτταρες ᾤχοντο εἰς Σαλαμῖνα καὶ ἤγαγον Λέοντα, ἐγὼ δὲ ᾠχόμην ἀπιὼν οἴκαδε. καὶ ἴσως ἂν διὰ ταῦτα ἀπέθανον, εἰ μὴ ἡ ἀρχὴ διὰ ταχέων κατελύθη. καὶ τούτων ὑμῖν ἔσονται πολλοὶ μάρτυρες. ἆρ' οὖν ἄν με οἴεσθε τοσάδε ἔτη διαγενέσθαι εἰ ἔπραττον τὰ δημόσια, καὶ πράττων ἀξίως ἀνδρὸς ἀγαθοῦ ἐβοήθουν τοῖς δικαίοις καὶ ὥσπερ χρὴ τοῦτο περὶ πλείστου ἐποιούμην; πολλοῦ γε δεῖ, ὦ ἄνδρες Ἀθηναῖοι: οὐδὲ γὰρ ἂν ἄλλος ἀνθρώπων οὐδείς. ἀλλ' ἐγὼ διὰ παντὸς τοῦ βίου δημοσίᾳ τε εἴ πού τι ἔπραξα τοιοῦτος φανοῦμαι, καὶ ἰδίᾳ ὁ αὐτὸς οὗτος, οὐδενὶ πώποτε συγχωρήσας οὐδὲν παρὰ τὸ δίκαιον οὔτε ἄλλῳ οὔτε τούτων οὐδενὶ οὓς δὴ διαβάλλοντες ἐμέ φασιν ἐμοὺς μαθητὰς εἶναι. ἐγὼ δὲ διδάσκαλος μὲν οὐδενὸς πώποτ' ἐγενόμην: εἰ δέ τίς μου λέγοντος καὶ τὰ ἐμαυτοῦ πράττοντος ἐπιθυμοῖ ἀκούειν, εἴτε νεώτερος εἴτε πρεσβύτερος, οὐδενὶ πώποτε ἐφθόνησα, οὐδὲ χρήματα μὲν λαμβάνων διαλέγομαι μὴ λαμβάνων δὲ οὔ, ἀλλ' ὁμοίως καὶ πλουσίῳ καὶ πένητι παρέχω ἐμαυτὸν ἐρωτᾶν, καὶ ἐάν τις βούληται ἀποκρινόμενος ἀκούειν ὧν ἂν λέγω. καὶ τούτων ἐγὼ εἴτε τις χρηστὸς γίγνεται εἴτε μή, οὐκ ἂν δικαίως τὴν αἰτίαν ὑπέχοιμι, ὧν μήτε ὑπεσχόμην μηδενὶ μηδὲν πώποτε μάθημα μήτε ἐδίδαξα: εἰ δέ τίς φησι παρ' ἐμοῦ πώποτέ τι μαθεῖν ἢ ἀκοῦσαι ἰδίᾳ ὅτι μὴ καὶ οἱ ἄλλοι πάντες, εὖ ἴστε ὅτι οὐκ ἀληθῆ λέγει. ἀλλὰ διὰ τί δή ποτε μετ' ἐμοῦ χαίρουσί

quattuor aliīs in tholum, atque imperārunt ex Salamīne hūc addūcere Leontem Salamīnium, ab ipsīs occīdendum; quālia illī etiam aliīs multīs multa imperābant, quum polluere crīminibus quam plūrimōs vellent. Tunc vērō ego rūrsus nōn verbīs sed factō ostendī, mortem vidērī mihi—nisi subrūsticē dictum vidēbitur— sūsque dēque habendam, sed ut nihil injūstum aut impium committerem, id vērō maximae cūrae habendum. Mē quidem illa potestās adeō violenta nōn perterruit, ut injūstum quicquam committerem. Itaque ut ex tholō ēgressī sumus, cēterī quātuor īvērunt Salamīna atque hūc addūxērunt Leontem, ego autem meam viam abiī domum. Et forsitan haec mihi causa fuisset mortis, nisi ista potestās cito sublāta esset. Hujus autem reī vōbīs plūrimī erunt testēs. Num ergō putātis mē tot annōs superātūrum fuisse, sī pūblicīs mūneribus fungerer, bonīque virī fungēns officiō, jūstitiae suffrāgārer, atque hoc, ut decet, plūrimī facerem? Nihil profectō minus, Athēniēnsēs: neque enim alius quisquam hominum potuerit. At ego per omnem vītam, et pūblicē sīcubi quid ēgī, tālis reperiar, et prīvātim īdem ille, utpote quī nēminī umquam concesserim quicquam praeter aequum, neque aliī, neque hōrum cuīquam, quōs iī quī mē calumniantur, dīcunt meōs discipulōs esse. Ego autem nūllīus umquam magister fuī; sed sī quis mē loquentem et meās rēs obeuntem audīre cuperet, sīve jūnior, sīve senior, nēminem umquam prohibuī. Neque vērō is sum quī pecūniā acceptā disseram, aut nōn acceptā omittam; sed dīvitī pariter et pauperī mē praebeō interrogandum, ac sī cui libet, respondentī licet audīre quae dīcō. Atque eōrum sīve quis probus fit, sīve nōn fit, jūre nōn sustinuerim causam ipsōrum, quōrum neque ūllī prōmīsī quicquam doctrīnae, neque trādidī. Sī quis autem dīcit sē ā mē umquam aut didicisse aut prīvātim audīsse, quod nōn etiam cēterī omnēs, is, scītōte, vērum nōn dīcit. Sed quā tandem rē nōnnūllōs jam dūdum

43

τινες πολὺν χρόνον διατρίβοντες; ἀκηκόατε, ὦ ἄνδρες Ἀθηναῖοι, πᾶσαν ὑμῖν τὴν ἀλήθειαν ἐγὼ εἶπον: ὅτι ἀκούοντες χαίρουσιν ἐξεταζομένοις τοῖς οἰομένοις μὲν εἶναι σοφοῖς, οὖσι δ᾽ οὔ. ἔστι γὰρ οὐκ ἀηδές. ἐμοὶ δὲ τοῦτο, ὡς ἐγώ φημι, προστέτακται ὑπὸ τοῦ θεοῦ πράττειν καὶ ἐκ μαντείων καὶ ἐξ ἐνυπνίων καὶ παντὶ τρόπῳ ᾧπέρ τίς ποτε καὶ ἄλλη θεία μοῖρα ἀνθρώπῳ καὶ ὁτιοῦν προσέταξε πράττειν. ταῦτα, ὦ ἄνδρες Ἀθηναῖοι, καὶ ἀληθῆ ἐστιν καὶ εὐέλεγκτα. εἰ γὰρ δὴ ἔγωγε τῶν νέων τοὺς μὲν διαφθείρω τοὺς δὲ διέφθαρκα, χρῆν δήπου, εἴτε τινὲς αὐτῶν πρεσβύτεροι γενόμενοι ἔγνωσαν ὅτι νέοις οὖσιν αὐτοῖς ἐγὼ κακὸν πώποτέ τι συνεβούλευσα, νυνὶ αὐτοὺς ἀναβαίνοντας ἐμοῦ κατηγορεῖν καὶ τιμωρεῖσθαι: εἰ δὲ μὴ αὐτοὶ ἤθελον, τῶν οἰκείων τινὰς τῶν ἐκείνων, πατέρας καὶ ἀδελφοὺς καὶ ἄλλους τοὺς προσήκοντας, εἴπερ ὑπ᾽ ἐμοῦ τι κακὸν ἐπεπόνθεσαν αὐτῶν οἱ οἰκεῖοι, νῦν μεμνῆσθαι καὶ τιμωρεῖσθαι. πάντως δὲ πάρεισιν αὐτῶν πολλοὶ ἐνταυθοῖ οὓς ἐγὼ ὁρῶ, πρῶτον μὲν Κρίτων οὑτοσί, ἐμὸς ἡλικιώτης καὶ δημότης, Κριτοβούλου τοῦδε πατήρ, ἔπειτα Λυσανίας ὁ Σφήττιος, Αἰσχίνου τοῦδε πατήρ, ἔτι δ᾽ Ἀντιφῶν ὁ Κηφισιεὺς οὑτοσί, Ἐπιγένους πατήρ, ἄλλοι τοίνυν οὗτοι ὧν οἱ ἀδελφοὶ ἐν ταύτῃ τῇ διατριβῇ γεγόνασιν, Νικόστρατος Θεοζοτίδου, ἀδελφὸς Θεοδότου—καὶ ὁ μὲν Θεόδοτος τετελεύτηκεν, ὥστε οὐκ ἂν ἐκεῖνός γε αὐτοῦ καταδεηθείη—καὶ Παράλιος ὅδε, ὁ Δημοδόκου, οὗ ἦν Θεάγης ἀδελφός: ὅδε δὲ Ἀδείμαντος, ὁ Ἀρίστωνος, οὗ ἀδελφὸς οὑτοσὶ Πλάτων, καὶ Αἰαντόδωρος, οὗ Ἀπολλόδωρος ὅδε ἀδελφός. καὶ ἄλλους πολλοὺς ἐγὼ ἔχω ὑμῖν εἰπεῖν, ὧν τινα ἐχρῆν μάλιστα μὲν ἐν τῷ ἑαυτοῦ λόγῳ παρασχέσθαι Μέλητον μάρτυρα: εἰ δὲ τότε ἐπελάθετο, νῦν παρασχέσθω—ἐγὼ παραχωρῶ—καὶ λεγέτω εἴ τι ἔχει τοιοῦτον. ἀλλὰ τούτου πᾶν τοὐναντίον εὑρήσετε, ὦ ἄνδρες, πάντας ἐμοὶ βοηθεῖν ἑτοίμους τῷ διαφθείροντι, τῷ κακὰ

oblectet conversātiō mea, audīstis, Athēniēnsēs: plānē nārrāvī
ego vōbīs vērum, oblectārī eōs quum audiunt explōrārī, sī quī
putant sē sapientēs esse, quī nōn sunt. Est enim rēs haud
injūcunda. Mihi autem hoc, sīcut ego ajō, imperātum est ā deō
ut faciam, tum per vāticinia, tum per īnsomnia, tum
quōcumque dēmum modo dīvīnum aliud nūmen hominī
imperāre aliquid solet ut agat. Haec, Athēniēnsēs, et vēra sunt
et argūmentīs vincī facile possunt. Nam sī ego jūniōrēs
partim corrumpō, partim corrūpī, sānē oportēbat eōs, sī
quī seniōrēs factī cognōrunt sibi, quum adolēscentēs essent,
in aliquā rē umquam mē male cōnsuluisse,   nunc ipsōs
exsurgere mēque accūsāre atque ulcīscī: sīn autem ipsī
nōllent, aliquī certē ex cognātīs ipsōrum, patrēs aut frātrēs
aut aliī necessāriī, dēbēbant, sī quod malum ā mē cognātī
eōrum perpessī essent, nunc meminisse atque ulcīscī.
Vēnērunt utique, quōs adesse videō, hūc eōrum multī:
prīmum Crītō hīc, meus aequālis et populāris, Critobūlī hujus
pater; dein Lȳsaniās Sphēttius, Aeschinis hujus pater, item
Antiphō Cēphisiēnsis hic, Epigenis pater; atque aliī etiam hī,
quōrum frātrēs illā conversātiōne meā ūsī sunt, Nīcostratus
Theozotidae fīlius, Theodotī frāter—et Theodotus quidem obiit,
ut ille mihi nōn potuerit apud hunc dēprecātor esse—tum
Paralus hic Dēmodocī fīlius, cujus frāter erat Theagēs, et hic
Adīmantus Aristōnis fīlius, cujus hice Platō frāter est, et
Aeantodōrus, cujus frāter est hic Apollodōrus. Sed et aliōs plūrimōs
ego vōbīs nōmināre possum, quōrum omnīnō aliquem
dēbēbat Melētus in āctiōne suā adhibēre testem: et sī tunc oblītus
est, nunc adhibeat—ego nōn impediō—sī quid ejusmodī
habet. Vērum alia omnia inveniētis, cīvēs; omnēs mihi
succurrere   parātōs,   corruptōrī,   quī   malefacit

ἐργαζομένῳ τοὺς οἰκείους αὐτῶν, ὥς φασι Μέλητος καὶ Ἄνυτος. αὐτοὶ μὲν γὰρ οἱ διεφθαρμένοι τάχ' ἂν λόγον ἔχοιεν βοηθοῦντες· οἱ δὲ ἀδιάφθαρτοι, πρεσβύτεροι ἤδη ἄνδρες, οἱ τούτων προσήκοντες, τίνα ἄλλον ἔχουσι λόγον βοηθοῦντες ἐμοὶ ἀλλ' ἢ τὸν ὀρθόν τε καὶ δίκαιον, ὅτι συνίσασι Μελήτῳ μὲν ψευδομένῳ, ἐμοὶ δὲ ἀληθεύοντι; εἶεν δή, ὦ ἄνδρες· ἃ μὲν ἐγὼ ἔχοιμ' ἂν ἀπολογεῖσθαι, σχεδόν ἐστι ταῦτα καὶ ἄλλα ἴσως τοιαῦτα.

Ἐπίλογος

τάχα δ' ἄν τις ὑμῶν ἀγανακτήσειεν ἀναμνησθεὶς ἑαυτοῦ, εἰ ὁ μὲν καὶ ἐλάττω τουτουὶ τοῦ ἀγῶνος ἀγῶνα ἀγωνιζόμενος ἐδεήθη τε καὶ ἱκέτευσε τοὺς δικαστὰς μετὰ πολλῶν δακρύων, παιδία τε αὑτοῦ ἀναβιβασάμενος ἵνα ὅτι μάλιστα ἐλεηθείη, καὶ ἄλλους τῶν οἰκείων καὶ φίλων πολλούς, ἐγὼ δὲ οὐδὲν ἄρα τούτων ποιήσω, καὶ ταῦτα κινδυνεύων, ὡς ἂν δόξαιμι, τὸν ἔσχατον κίνδυνον. τάχ' ἂν οὖν τις ταῦτα ἐννοήσας αὐθαδέστερον ἂν πρός με σχοίη καὶ ὀργισθεὶς αὐτοῖς τούτοις θεῖτο ἂν μετ' ὀργῆς τὴν ψῆφον. εἰ δή τις ὑμῶν οὕτως ἔχει—οὐκ ἀξιῶ μὲν γὰρ ἔγωγε, εἰ δ' οὖν—ἐπιεικῆ ἄν μοι δοκῶ πρὸς τοῦτον λέγειν λέγων ὅτι *ἐμοί, ὦ ἄριστε, εἰσὶν μέν πού τινες καὶ οἰκεῖοι· καὶ γὰρ τοῦτο αὐτὸ τὸ τοῦ Ὁμήρου, οὐδ' ἐγὼ ἀπὸ δρυὸς οὐδ' ἀπὸ πέτρης πέφυκα ἀλλ' ἐξ ἀνθρώπων, ὥστε καὶ οἰκεῖοί μοί εἰσι καὶ υἱεῖς γε, ὦ ἄνδρες Ἀθηναῖοι, τρεῖς, εἷς μὲν μειράκιον ἤδη, δύο δὲ παιδία· ἀλλ' ὅμως οὐδένα αὐτῶν δεῦρο ἀναβιβασάμενος δεήσομαι ὑμῶν ἀποψηφίσασθαι.* τί δὴ οὖν οὐδὲν τούτων ποιήσω; οὐκ αὐθαδιζόμενος, ὦ ἄνδρες Ἀθηναῖοι, οὐδ' ὑμᾶς ἀτιμάζων, ἀλλ' εἰ μὲν θαρραλέως ἐγὼ ἔχω πρὸς θάνατον ἢ μή, ἄλλος λόγος, πρὸς δ' οὖν δόξαν καὶ ἐμοὶ καὶ ὑμῖν καὶ ὅλῃ τῇ πόλει οὔ μοι δοκεῖ καλὸν εἶναι ἐμὲ τούτων οὐδὲν ποιεῖν καὶ τηλικόνδε ὄντα καὶ

cognātīs ipsōrum, uti ajunt Melētus et Anytus. Etenim ipsīs quidem corruptīs forsitan esse possit ratiō cūr succurrant; incorruptīs vērō, jam seniōribus virīs, illōrum necessāriīs, quae potest ratiō esse succurrendī mihi, nisi rēcta haec et jūsta, quod sciunt Melitum mentīrī, mē autem vēra loquī? Sed hāctenus, cīvēs. Nam quae habuī prō mē dīcenda, haec propemodum sunt, et alia, ut putō, ejusdem modī.

Perōrātiō

Fortasse autem aliquis vestrum indignābitur, memor suī, sī, quum ipse quondam vel leviōre in perīculō quam perīculum hoc meum est versātus, ōrāverit jūdicēs suppliciterque rogāverit multīs cum lacrimīs, simul, quō magis misericordiam movēret, prōductīs fīliīs suīs et aliīs cognātōrum atque amīcīs multīs, ego nunc hujusmodī nihil faciam, quamvīs in extrēmum, ut videor, adductus discrīmen. Ergō fortasse, aliquis haec cōgitāns, mihi arroganter contumāx īrāscētur hoc ipsum, et calculum īrātus mittet. Quō animō sī quis est vestrum—id quod equidem nōlim—sed sī est, aequam mihi rem videor ad eum dictūrus, quum dīcō: *Mihi quoque, vir optime, etiam cognātī sunt quīdam. Nōn sum enim, ut Homērus ait, ex quercū aut rūpe oriundus, sed ab hominibus: unde et cognātī mihi sunt, Athēniēnsēs, et fīliī quidem trēs; ūnus jam adolēscēns, duo etiam parvulī: quōrum tamen nūllum hūc prōdūcam, ut ā vōbīs exōrem absolūtiōnem.* Cūr tandem igitur nihil hujusmodī faciam? Nōn arrogantī contumāciā, Athēniēnsēs, nec vestrī contemptū: vērum an ego fīdentī animō mortem exspectem, nec nē, alia est ratiō: ad exīstimātiōnem autem et meam et vestram omnīnōque cīvitātis, nōn convenīre mihi arbitror hujusmodī quicquam facere, quī et hanc aetātem

τοῦτο τοὔνομα ἔχοντα, εἴτ᾽ οὖν ἀληθὲς εἴτ᾽ οὖν ψεῦδος, ἀλλ᾽ οὖν δεδογμένον γέ ἐστί τῳ Σωκράτη διαφέρειν τῶν πολλῶν ἀνθρώπων. ἰ οὖν ὑμῶν οἱ δοκοῦντες διαφέρειν εἴτε σοφίᾳ εἴτε ἀνδρείᾳ εἴτε ἄλλη ἡτινιοῦν ἀρετῇ τοιοῦτοι ἔσονται, αἰσχρὸν ἂν εἴη· οἵουσπερ ἐγὼ πολλάκις ἑώρακά τινας ὅταν κρίνωνται, δοκοῦντας μέν τι εἶναι, θαυμάσια δὲ ἐργαζομένους, ὡς δεινόν τι οἰομένους πείσεσθαι εἰ ἀποθανοῦνται, ὥσπερ ἀθανάτων ἐσομένων ἂν ὑμεῖς αὐτοὺς μὴ ἀποκτείνητε· οἳ ἐμοὶ δοκοῦσιν αἰσχύνην τῇ πόλει περιάπτειν, ὥστ᾽ ἄν τινα καὶ τῶν ξένων ὑπολαβεῖν ὅτι οἱ διαφέροντες Ἀθηναίων εἰς ἀρετήν, οὓς αὐτοὶ ἑαυτῶν ἔν τε ταῖς ἀρχαῖς καὶ ταῖς ἄλλαις τιμαῖς προκρίνουσιν, οὗτοι γυναικῶν οὐδὲν διαφέρουσιν. ταῦτα γάρ, ὦ ἄνδρες Ἀθηναῖοι, οὔτε ὑμᾶς χρὴ ποιεῖν τοὺς δοκοῦντας καὶ ὁπηοῦν τι εἶναι, οὔτ᾽, ἂν ἡμεῖς ποιῶμεν, ὑμᾶς ἐπιτρέπειν, ἀλλὰ τοῦτο αὐτὸ ἐνδείκνυσθαι, ὅτι πολὺ μᾶλλον καταψηφιεῖσθε τοῦ τὰ ἐλεινὰ ταῦτα δράματα εἰσάγοντος καὶ καταγέλαστον τὴν πόλιν ποιοῦντος ἢ τοῦ ἡσυχίαν ἄγοντος. χωρὶς δὲ τῆς δόξης, ὦ ἄνδρες, οὐδὲ δίκαιόν μοι δοκεῖ εἶναι δεῖσθαι τοῦ δικαστοῦ οὐδὲ δεόμενον ἀποφεύγειν, ἀλλὰ διδάσκειν καὶ πείθειν. οὐ γὰρ ἐπὶ τούτῳ κάθηται ὁ δικαστής, ἐπὶ τῷ καταχαρίζεσθαι τὰ δίκαια, ἀλλ᾽ ἐπὶ τῷ κρίνειν ταῦτα· καὶ ὀμώμοκεν οὐ χαριεῖσθαι οἷς ἂν δοκῇ αὐτῷ, ἀλλὰ δικάσειν κατὰ τοὺς νόμους. οὔκουν χρὴ οὔτε ἡμᾶς ἐθίζειν ὑμᾶς ἐπιορκεῖν οὔθ᾽ ὑμᾶς ἐθίζεσθαι· οὐδέτεροι γὰρ ἂν ἡμῶν εὐσεβοῖεν. μὴ οὖν ἀξιοῦτέ με, ὦ ἄνδρες Ἀθηναῖοι, τοιαῦτα δεῖν πρὸς ὑμᾶς πράττειν ἃ μήτε ἡγοῦμαι καλὰ εἶναι μήτε δίκαια μήτε ὅσια, ἄλλως τε μέντοι νὴ Δία πάντως καὶ ἀσεβείας φεύγοντα ὑπὸ Μελήτου τουτουΐ. σαφῶς γὰρ ἄν, εἰ πείθοιμι ὑμᾶς καὶ τῷ δεῖσθαι βιαζοίμην ὀμωμοκότας, θεοὺς ἂν διδάσκοιμι μὴ ἡγεῖσθαι ὑμᾶς εἶναι, καὶ ἀτεχνῶς ἀπολογούμενος κατηγοροίην ἂν ἐμαυτοῦ ὡς θεοὺς οὐ νομίζω. ἀλλὰ πολλοῦ δεῖ οὕτως ἔχειν· νομίζω τε γάρ,

et hoc nōmen adeptus sum, sīve illud meritō, sīve immeritō; certē opīniō est, Sōcratem aliquā rē praestāre plērīsque hominibus. Sī igitur iī vestrum quī videntur praestāre aut sapientiā aut fortitūdine aut aliā quācumque virtūte, ita sē adhibēbunt, turpe id fuerit; quālēs ego saepe vīdī in jūdiciīs, quī aliquid esse vidērentur, mīrificē tamen sēsē gerere, quippe putantēs nesciō quid horrendum sibi ēventūrum, ubi moriendum foret; quasi immortālēs essent futūrī, sī ā vōbīs nōn occīderentur. Quī quidem mihi lābem adspergere videntur cīvitātī; adeō ut exterōrum nōn nēmō exīstimāre possit, virtūte praestantēs Athēniēnsēs, et quōs quisque sibimet ipsī in magistrātibus cēterīsque honōribus mandandīs praepōnere soleat, eōs nihilō praestantiōrēs mulierculīs esse. Haec enim, Athēniēnsēs, nec vōs facere decet, quī modo quālēscumque esse vidēminī, nec sī nōs faciāmus, ā vōbīs concēdendum est; sed hoc sānē ostendendum, multō potius damnātūrōs vōs esse eum, quī miserābilia haec spectācula ēdat, faciatque ut cīvitās dērīdeātur, quam quī sē teneat quiētus. Mittō exīstimātiōnem, cīvēs; nē jūstum quidem esse arbitror exōrāre jūdicem, aut ab exōrātō absolvī, sed docēre ac persuādēre. Nōn enim ad hoc sedet jūdex ut jūs grātificētur, sed rem ut jūdicet; utpote jūrātus, sē nōn grātiam, quibuscumque libeat ipsī, sed jūs redditūrum esse ex lēgibus. Quōcircā nec nōbīs licet assuēfacere vōs ad pejerandum, nec vōbīs assuēfierī: sīc enim neutrī nostrum pietātem servāre possunt. Nē igitur putāte, Athēniēnsēs, ea mihi apud vōs facienda, quae neque honesta, nec jūsta nec pia esse cēnseō, nunc praesertim, prō Juppiter, quum maximē impietātis arcessītus ab hōce Melētō. Nam sī persuādendō atque exōrandō vim vōbīs afferrem jūrātis, apertē docērem nōn statuendōs vōbīs deōs esse, et plānē, dum causam dīcō, accūsārem mēmet ipsum, tamquam deōs nōn crēdentem. Sed tantum abest ut id faciam,

ὦ ἄνδρες Ἀθηναῖοι, ὡς οὐδεὶς τῶν ἐμῶν κατηγόρων, καὶ ὑμῖν ἐπιτρέπω καὶ τῷ θεῷ κρῖναι περὶ ἐμοῦ ὅπῃ μέλλει ἐμοί τε ἄριστα εἶναι καὶ ὑμῖν.

Athēniēnsēs, ut magis etiam crēdam quam meōrum quisquam accūsātōrum; jamque vōbīs permittō ac deō, jūdicāre dē mē, sīcut optimum tum mihi futūrum est tum vōbīs.

Μέρος Β′

Τὸ μὲν μὴ ἀγανακτεῖν, ὦ ἄνδρες Ἀθηναῖοι, ἐπὶ τούτῳ τῷ γεγονότι, ὅτι μου κατεψηφίσασθε, ἄλλα τέ μοι πολλὰ συμβάλλεται, καὶ οὐκ ἀνέλπιστόν μοι γέγονεν τὸ γεγονὸς τοῦτο, ἀλλὰ πολὺ μᾶλλον θαυμάζω ἑκατέρων τῶν ψήφων τὸν γεγονότα ἀριθμόν. οὐ γὰρ ᾠόμην ἔγωγε οὕτω παρ᾽ ὀλίγον ἔσεσθαι ἀλλὰ παρὰ πολύ· νῦν δέ, ὡς ἔοικεν, εἰ τριάκοντα μόναι μετέπεσον τῶν ψήφων, ἀπεπεφεύγη ἄν. Μέλητον μὲν οὖν, ὡς ἐμοὶ δοκῶ, καὶ νῦν ἀποπέφευγα, καὶ οὐ μόνον ἀποπέφευγα, ἀλλὰ παντὶ δῆλον τοῦτό γε, ὅτι εἰ μὴ ἀνέβη Ἄνυτος καὶ Λύκων κατηγορήσοντες ἐμοῦ, κἂν ὦφλε χιλίας δραχμάς, οὐ μεταλαβὼν τὸ πέμπτον μέρος τῶν ψήφων. τιμᾶται δ᾽ οὖν μοι ὁ ἀνὴρ θανάτου. εἶεν· ἐγὼ δὲ δὴ τίνος ὑμῖν ἀντιτιμήσομαι, ὦ ἄνδρες Ἀθηναῖοι; ἢ δῆλον ὅτι τῆς ἀξίας; τί οὖν; τί ἄξιός εἰμι παθεῖν ἢ ἀποτεῖσαι, ὅτι μαθὼν ἐν τῷ βίῳ οὐχ ἡσυχίαν ἦγον, ἀλλ᾽ ἀμελήσας ὧνπερ οἱ πολλοί, χρηματισμοῦ τε καὶ οἰκονομίας καὶ στρατηγιῶν καὶ δημηγοριῶν καὶ τῶν ἄλλων ἀρχῶν καὶ συνωμοσιῶν καὶ στάσεων τῶν ἐν τῇ πόλει γιγνομένων, ἡγησάμενος ἐμαυτὸν τῷ ὄντι ἐπιεικέστερον εἶναι ἢ ὥστε εἰς ταῦτ᾽ ἰόντα σῴζεσθαι, ἐνταῦθα μὲν οὐκ ᾖα οἷ ἐλθὼν μήτε ὑμῖν μήτε ἐμαυτῷ ἔμελλον μηδὲν ὄφελος εἶναι, ἐπὶ δὲ τὸ ἰδίᾳ ἕκαστον ἰὼν εὐεργετεῖν τὴν μεγίστην εὐεργεσίαν, ὡς ἐγώ φημι, ἐνταῦθα ᾖα, ἐπιχειρῶν ἕκαστον ὑμῶν πείθειν μὴ πρότερον μήτε τῶν ἑαυτοῦ μηδενὸς ἐπιμελεῖσθαι πρὶν ἑαυτοῦ ἐπιμεληθείη ὅπως ὡς βέλτιστος καὶ φρονιμώτατος ἔσοιτο, μήτε τῶν τῆς πόλεως,

Pars II

Quārē igitur haud indignē feram, Athēniēnsēs, quod factum est ut mē damnārētis, et aliās plūrimās habeō causās, neque inopīnantī mihi id factum est; quīn multō magis utrōrumque calculōrum mīror effectum numerum. Nōn enim putāram tam prope āfore, sed aliquantō longius: nunc autem sī trēs modo calculī aliter cecidissent, opīnor, ēvāsissem. Ac Melētum quidem jam videor mihi ēvāsisse, neque ēvāsī tantum, sed nēminī hoc dubium est, sī Anytus et Lycō ad mē accūsandum nōn surrēxissent, illum etiam mīlle drachmās solūtūrum fuisse, nōn receptā quīntā parte calculōrum. Aestimat ergō mihi vir lītem poenamque morte. Sit ita. Quānam autem rē ego contrā aestimābō, Athēniēnsēs? Ea certē quam commeruī. Quid igitur? Quam commeruī poenam aut multam, quod nescīvī quiētus mē tenēre in vītā, nihilque cūrāns ea quae plērīque, quaestum, rem familiārem, conciōnēs et potestātēs et cōnspīrātiōnēs et sēditiōnēs quae in cīvitāte fīunt, quod putābam longē longēque digniōrem mē esse quam ut ex tālibus salūtem quaererem, nōn ēgī hoc ut obīrem ea quibus obeundīs nec vōbīs nec mihi ipsī quicquam ūtilitātis afferre potuissem, sed ut quemque prīvātim dēmerērer quō maximō vidēbar posse meritō, hoc ūnum ēgī, ausus cuique vestrum suādēre nē suārum rērum ūllīus cūram susciperet prius quam suī ipsīus suscēpisset, ut quam optimus et prūdentissimus fieret, nēve negōtiōrum cīvitātis

πρὶν αὐτῆς τῆς πόλεως, τῶν τε ἄλλων οὕτω κατὰ τὸν αὐτὸν τρόπον ἐπιμελεῖσθαι—τί οὖν εἰμι ἄξιος παθεῖν τοιοῦτος ὤν; ἀγαθόν τι, ὦ ἄνδρες Ἀθηναῖοι, εἰ δεῖ γε κατὰ τὴν ἀξίαν τῇ ἀληθείᾳ τιμᾶσθαι· καὶ ταῦτά γε ἀγαθὸν τοιοῦτον ὅτι ἂν πρέποι ἐμοί. τί οὖν πρέπει ἀνδρὶ πένητι εὐεργέτῃ δεομένῳ ἄγειν σχολὴν ἐπὶ τῇ ὑμετέρᾳ παρακελεύσει; οὐκ ἔσθ' ὅτι μᾶλλον, ὦ ἄνδρες Ἀθηναῖοι, πρέπει οὕτως ὡς τὸν τοιοῦτον ἄνδρα ἐν πρυτανείῳ σιτεῖσθαι, πολύ γε μᾶλλον ἢ εἴ τις ὑμῶν ἵππῳ ἢ συνωρίδι ἢ ζεύγει νενίκηκεν Ὀλυμπίασιν· ὁ μὲν γὰρ ὑμᾶς ποιεῖ εὐδαίμονας δοκεῖν εἶναι, ἐγὼ δὲ εἶναι, καὶ ὁ μὲν τροφῆς οὐδὲν δεῖται, ἐγὼ δὲ δέομαι. εἰ οὖν δεῖ με κατὰ τὸ δίκαιον τῆς ἀξίας τιμᾶσθαι, τούτου τιμῶμαι, ἐν πρυτανείῳ σιτήσεως.

ἴσως οὖν ὑμῖν καὶ ταυτὶ λέγων παραπλησίως δοκῶ λέγειν ὥσπερ περὶ τοῦ οἴκτου καὶ τῆς ἀντιβολήσεως, ἀπαυθαδιζόμενος· τὸ δὲ οὐκ ἔστιν, ὦ ἄνδρες Ἀθηναῖοι, τοιοῦτον ἀλλὰ τοιόνδε μᾶλλον. πέπεισμαι ἐγὼ ἑκὼν εἶναι μηδένα ἀδικεῖν ἀνθρώπων, ἀλλὰ ὑμᾶς τοῦτο οὐ πείθω· ὀλίγον γὰρ χρόνον ἀλλήλοις διειλέγμεθα. ἐπεί, ὡς ἐγᾦμαι, εἰ ἦν ὑμῖν νόμος, ὥσπερ καὶ ἄλλοις ἀνθρώποις, περὶ θανάτου μὴ μίαν ἡμέραν μόνον κρίνειν ἀλλὰ πολλάς, ἐπείσθητε ἄν· νῦν δ' οὐ ῥᾴδιον ἐν χρόνῳ ὀλίγῳ μεγάλας διαβολὰς ἀπολύεσθαι. πεπεισμένος δὴ ἐγὼ μηδένα ἀδικεῖν πολλοῦ δέω ἐμαυτόν γε ἀδικήσειν καὶ κατ' ἐμαυτοῦ ἐρεῖν αὐτὸς ὡς ἄξιός εἰμί του κακοῦ καὶ τιμήσεσθαι τοιούτου τινὸς ἐμαυτῷ. τί δείσας; ἢ μὴ πάθω τοῦτο οὗ Μέλητός μοι τιμᾶται, ὃ φημι οὐκ εἰδέναι οὔτ' εἰ ἀγαθὸν οὔτ' εἰ κακόν ἐστιν; ἀντὶ τούτου δὴ ἕλωμαι ὧν εὖ οἶδά τι κακῶν ὄντων τούτου τιμησάμενος; πότερον δεσμοῦ; καὶ τί με δεῖ ζῆν ἐν δεσμωτηρίῳ, δουλεύοντα τῇ ἀεὶ καθισταμένῃ ἀρχῇ, τοῖς ἕνδεκα; ἀλλὰ χρημάτων καὶ δεδέσθαι ἕως ἂν ἐκτείσω; ἀλλὰ ταὐτόν μοί

prius quam ipsīus cīvitātis, eōdemque modō cēterārum item rērum cūram et cōgitātiōnem susciperet: quid igitur commeruī, tālis quī fuerim? Bonī sānē aliquid, Athēniēnsēs, sī modo prō dignitāte atque ex vērō aestimātīs; et quidem bonī id genus quod conveniat mihi. Jam quid convenit pauperī virō, bene merentī, quī ōtiō indiget ut vōs ad virtūtem adhortētur? Nihil est quod tam conveniat, Athēniēnsēs, tālī vīrō magis, quam ut eī pūblicē victus in prytaneō praebeātur; multōque id magis quam sī quis vestrum equō aut bīgīs aut aliō curriculō Olympiīs vīcit. Is enim vōs facit ut beātī videāminī esse, ego autem ut sītis: isque vīctū nōn indiget, ego autem indigeō. Itaque sī mē oportet ex vērō ac prō dignitāte aestimāre, vīctum dīcam in prytaneō.

Fortasse igitur vōbīs, quum haec dīcō, similiter videor dīcere ac dē miserātiōne et supplicibus verbīs, arroganter contumāx; vērum nōn ita sē rēs habet, Athēniēnsēs, sed hōc potius modō. Persuāsum est mihi, ā mē sciente nēminem afficī injūriā—sed vōbīs quidem id nōn persuāserō; nam breve fuit tempus, quō sermōnēs inter nōs contulimus: nam sī lēx esset vōbīs, sīcut apud aliōs hominēs est, morte nē quis multētur ūnīus tantum diēī jūdiciō sed plūrium, persuādērī illud vōbīs potuisset; nunc autem nōn facile est tam brevī tempore tantās calumniās dīluere: sed persuāsum quum sit mihi, ā mē nēminem afficī injūriā, multum abest ut mē ipsum injūriā afficiam, mēque ipse dīcam aliquō malō dignum, aut hujusmodī aliquid commeruisse. Quid metuēns? an nē mihi ēveniat id, quod Melētus mē dīcit commeruisse, quod negō mē scīre bonum malumne sit—prō eō num ex iīs, quae certō sciō mala esse, dēlēctū factō, hoc mē dīcam commeruisse? Num vincula? Et quid mē opus est vīvere in carcere, servientem eōrum quī quoque tempore cōnstituentur potestātī, Ūndecimvirōrum? an pecūniāriam poenam, et in vinculīs retinērī, dōnec solvam? At hic id ipsum mihi

ἔστιν ὅπερ νυνδὴ ἔλεγον: οὐ γὰρ ἔστι μοι χρήματα ὁπόθεν ἐκτείσω. ἀλλὰ δὴ φυγῆς τιμήσωμαι; ἴσως γὰρ ἄν μοι τούτου τιμήσαιτε. πολλὴ μεντἄν με φιλοψυχία ἔχοι, ὦ ἄνδρες Ἀθηναῖοι, εἰ οὕτως ἀλόγιστός εἰμι ὥστε μὴ δύνασθαι λογίζεσθαι ὅτι ὑμεῖς μὲν ὄντες πολῖταί μου οὐχ οἷοί τε ἐγένεσθε ἐνεγκεῖν τὰς ἐμὰς διατριβὰς καὶ τοὺς λόγους, ἀλλ' ὑμῖν βαρύτεραι γεγόνασιν καὶ ἐπιφθονώτεραι, ὥστε ζητεῖτε αὐτῶν νυνὶ ἀπαλλαγῆναι: ἄλλοι δὲ ἄρα αὐτὰς οἴσουσι ῥᾳδίως; πολλοῦ γε δεῖ, ὦ ἄνδρες Ἀθηναῖοι. καλὸς οὖν ἄν μοι ὁ βίος εἴη ἐξελθόντι τηλικῷδε ἀνθρώπῳ ἄλλην ἐξ ἄλλης πόλεως ἀμειβομένῳ καὶ ἐξελαυνομένῳ ζῆν. εὖ γὰρ οἶδ' ὅτι ὅποι ἂν ἔλθω, λέγοντος ἐμοῦ ἀκροάσονται οἱ νέοι ὥσπερ ἐνθάδε: κἂν μὲν τούτους ἀπελαύνω, οὗτοί με αὐτοὶ ἐξελῶσι πείθοντες τοὺς πρεσβυτέρους: ἐὰν δὲ μὴ ἀπελαύνω, οἱ τούτων πατέρες δὲ καὶ οἰκεῖοι δι' αὐτοὺς τούτους.

ἴσως οὖν ἄν τις εἴποι: *σιγῶν δὲ καὶ ἡσυχίαν ἄγων, ὦ Σώκρατες, οὐχ οἷός τ' ἔσῃ ἡμῖν ἐξελθὼν ζῆν;* τουτὶ δή ἐστι πάντων χαλεπώτατον πεῖσαί τινας ὑμῶν. ἐάντε γὰρ λέγω ὅτι τῷ θεῷ ἀπειθεῖν τοῦτ' ἐστὶν καὶ διὰ τοῦτ' ἀδύνατον ἡσυχίαν ἄγειν, οὐ πείσεσθέ μοι ὡς εἰρωνευομένῳ: ἐάντ' αὖ λέγω ὅτι καὶ τυγχάνει μέγιστον ἀγαθὸν ὂν ἀνθρώπῳ τοῦτο, ἑκάστης ἡμέρας περὶ ἀρετῆς τοὺς λόγους ποιεῖσθαι καὶ τῶν ἄλλων περὶ ὧν ὑμεῖς ἐμοῦ ἀκούετε διαλεγομένου καὶ ἐμαυτὸν καὶ ἄλλους ἐξετάζοντος, ὁ δὲ ἀνεξέταστος βίος οὐ βιωτὸς ἀνθρώπῳ, ταῦτα δ' ἔτι ἧττον πείσεσθέ μοι λέγοντι. τὰ δὲ ἔχει μὲν οὕτως, ὡς ἐγώ φημι, ὦ ἄνδρες, πείθειν δὲ οὐ ῥᾴδιον. καὶ ἐγὼ ἅμα οὐκ εἴθισμαι ἐμαυτὸν ἀξιοῦν κακοῦ οὐδενός. εἰ μὲν γὰρ ἦν μοι χρήματα, ἐτιμησάμην ἂν χρημάτων ὅσα ἔμελλον ἐκτείσειν, οὐδὲν γὰρ ἂν ἐβλάβην: νῦν δὲ οὐ γὰρ ἔστιν, εἰ μὴ ἄρα ὅσον ἂν ἐγὼ δυναίμην ἐκτεῖσαι, τοσούτου βούλεσθέ μοι τιμῆσαι. ἴσως δ' ἂν δυναίμην ἐκτεῖσαι ὑμῖν που μνᾶν ἀργυρίου: τοσούτου οὖν τιμῶμαι.

recurrit, quod modo dīcēbam: nihil mihi est pecūniae, unde solvam. Exsiliōne ergō aestimābō lītem? Fortasse enim ratam faciētis hanc aestimātiōnem. At nōn tantā vītae cupiditāte occaecātus sum, ut nequeam vidēre, quum vōs, cīvēs meī, perferre nōn potueritis meōs sermōnēs et conversātiōnem meam, quae vōbīs adeō molesta et invidiōsa facta est, ut jam ab eā līberārī velītis, aliōs hominēs eam facile lātūrōs esse. Id ego ut crēdam, Athēniēnsēs? Pulchra sānē mihi vīta erit, sī ego hoc aetātis dēmigrāns hinc, urbemque aliam ex aliā mūtāns et undique expulsus vīvam. Certō enim sciō, quōcumque vēnerō, ut hāc in urbe, nōn dēfore quī disserentem mē audiant adolēscentēs; ac sī eōs repellam, hī mē ipsī expellent, inductīs ad id seniōribus; sīn nōn repellam, facient illud eōrum et patrēs et cognātī, eōrum causā ipsōrum.

Nunc forsitan dīxerit aliquis: *Tacitus et quiētus, Sōcrate, vīvere nōbīs nōn poteris, sī hinc ēgressus eris?* Hoc vērō plūribus vestrum ad persuādendum aptē explicāre longē difficillimum est. Nam sīve dīcam esse illud deō nōn pārēre, atque ideō mē haudquāquam quiētum esse posse, nōn crēdētis mihi quasi dissimulātiōne ūsō; sīn rūrsus dīcam, nūllum hominī majus bonum posse contingere, quam ut quotīdiē sermōnēs cōnferat dē virtūte et cēterīs rēbus, dē quibus disserentī vōs mihi operam datis, mēque et aliōs explōrantī—nam inexplōrāta vīta nōn vītālis hominī est: hoc igitur dīcentī etiam minus crēdētis mihi. Sed ita rēs est ut ego dīcō, cīvēs; sed nōn facilis est ad explicandum. Accēdit quod ego nōn cōnsuēvī mē dignum dēputāre ūllō malō. Etenim sī mihi argentum esset, tantō lītem aestimārem quantum solvere possem—nam nūllum mihi eā rē damnum fieret—: nunc autem nihil est; nisi forte, quantum ego solvere poterō, tantō mihi aestimāre vultis. Fortasse solvere vōbīs potuerim admodum minam argentī: igitur tantō

Πλάτων δὲ ὅδε, ὦ ἄνδρες Ἀθηναῖοι, καὶ Κρίτων καὶ Κριτόβουλος καὶ Ἀπολλόδωρος κελεύουσί με τριάκοντα μνῶν τιμήσασθαι, αὐτοὶ δ' ἐγγυᾶσθαι: τιμῶμαι οὖν τοσούτου, ἐγγυηταὶ δὲ ὑμῖν ἔσονται τοῦ ἀργυρίου οὗτοι ἀξιόχρεῳ.

lītem aestimō. Sed Platō hic, Athēniēnsēs, et Crītō et Critobūlus et Apollodōrus jubent mē trīgintā minīs aestimāre, ipsīque sē obstringere volunt spōnsiōne. Aestimō igitur tantō: spōnsōrēsque ejus argentī iīdem vōbīs erunt locuplētēs.

Μέρος Γ΄

Ο ὐ πολλοῦ γ' ἕνεκα χρόνου, ὦ ἄνδρες Ἀθηναῖοι, ὄνομα ἕξετε καὶ αἰτίαν ὑπὸ τῶν βουλομένων τὴν πόλιν λοιδορεῖν ὡς Σωκράτη ἀπεκτόνατε, ἄνδρα σοφόν—φήσουσι γὰρ δὴ σοφὸν εἶναι, εἰ καὶ μή εἰμι, οἱ βουλόμενοι ὑμῖν ὀνειδίζειν— εἰ γοῦν περιεμείνατε ὀλίγον χρόνον, ἀπὸ τοῦ αὐτομάτου ἂν ὑμῖν τοῦτο ἐγένετο: ὁρᾶτε γὰρ δὴ τὴν ἡλικίαν ὅτι πόρρω ἤδη ἐστὶ τοῦ βίου θανάτου δὲ ἐγγύς. λέγω δὲ τοῦτο οὐ πρὸς πάντας ὑμᾶς, ἀλλὰ πρὸς τοὺς ἐμοῦ καταψηφισαμένους θάνατον. λέγω δὲ καὶ τόδε πρὸς τοὺς αὐτοὺς τούτους. ἴσως με οἴεσθε, ὦ ἄνδρες Ἀθηναῖοι, ἀπορίᾳ λόγων ἑαλωκέναι τοιούτων οἷς ἂν ὑμᾶς ἔπεισα, εἰ ᾤμην δεῖν ἅπαντα ποιεῖν καὶ λέγειν ὥστε ἀποφυγεῖν τὴν δίκην. πολλοῦ γε δεῖ. ἀλλ' ἀπορίᾳ μὲν ἑάλωκα, οὐ μέντοι λόγων, ἀλλὰ τόλμης καὶ ἀναισχυντίας καὶ τοῦ μὴ ἐθέλειν λέγειν πρὸς ὑμᾶς τοιαῦτα οἷ' ἂν ὑμῖν μὲν ἥδιστα ἦν ἀκούειν— θρηνοῦντός τέ μου καὶ ὀδυρομένου καὶ ἄλλα ποιοῦντος καὶ λέγοντος πολλὰ καὶ ἀνάξια ἐμοῦ, ὡς ἐγώ φημι, οἷα δὴ καὶ εἴθισθε ὑμεῖς τῶν ἄλλων ἀκούειν. ἀλλ' οὔτε τότε ᾤήθην δεῖν ἕνεκα τοῦ κινδύνου πρᾶξαι οὐδὲν ἀνελεύθερον, οὔτε νῦν μοι μεταμέλει οὕτως ἀπολογησαμένῳ, ἀλλὰ πολὺ μᾶλλον αἱροῦμαι ὧδε ἀπολογησάμενος τεθνάναι ἢ ἐκείνως ζῆν. οὔτε γὰρ ἐν δίκῃ οὔτ' ἐν πολέμῳ οὔτ' ἐμὲ οὔτ' ἄλλον οὐδένα δεῖ τοῦτο μηχανᾶσθαι, ὅπως ἀποφεύξεται πᾶν ποιῶν θάνατον. καὶ γὰρ ἐν ταῖς μάχαις πολλάκις δῆλον γίγνεται ὅτι τό γε ἀποθανεῖν ἄν τις ἐκφύγοι καὶ ὅπλα ἀφεὶς καὶ ἐφ' ἱκετείαν τραπόμενος τῶν διωκόντων: καὶ

Pars III

Exiguī quidem temporis causā, Athēniēnsēs, nōmen vōbīs et crīmen fīet ab iīs, quī cīvitātī vestrae maledīcere volent, ex eō quod Sōcratem occīdistis, virum sapientem. Vocābunt enim mē sapientem, etsī nōn sum, quī vōbīs opprobrium dīcere cupient. At sī parumper exspectāssētis, idem fātāliter vōbīs ēvēnisset. Vidēte enim aetātem meam, quam longē prōcesserit in vītā, et prope sit mortem. Dīcō autem illud nōn ad omnēs vōs: sed tantum ad eōs quī mē morte multārunt. Ac dīcō hoc quoque ad hōs eōsdem. Putātis fortasse, Athēniēnsēs, inopiā verbōrum mē cecidisse tālium, quibus vōs movēre potuissem, sī putārem nihil nōn faciendum ac dīcendum, ut ā vōbīs absolverer. Nihil profectō minus. Inopiā quidem cecidī, vērum nōn verbōrum, sed audāciae et impudentiae, et quod voluntās mihi dēfuit dīcendī ad vōs ea, quae vōbīs grātissima essent audītū, sī et ejulārem et lāmentārer atque alia facerem et dīcerem multa, mihi, ut ego ajō, indecora; quālia vōs adsuētī estis ex cēterīs audīre. Sed neque anteā putābam perīculī metū faciendum esse quicquam inhonestum, nec mē nunc poenitet causam ita dīxisse, itaque dīcentem multō mē ēmorī mālō quam istō modō vīvere. Neque enim in jūdiciō neque in bellō aut mē aut alium quemquam decet māchinandō et omnia tentandō id agere ut effugiāmus mortem. Nam et in proeliīs saepe vidēmus interitum posse vītārī, sī quis sēsē abjectīs armīs supplex converterit ad īnsequentēs; ut et alia sunt multa in quōvīs

ἄλλαι μηχαναὶ πολλαί εἰσιν ἐν ἑκάστοις τοῖς κινδύνοις ὥστε διαφεύγειν θάνατον, ἐάν τις τολμᾷ πᾶν ποιεῖν καὶ λέγειν. ἀλλὰ μὴ οὐ τοῦτ᾽ ᾖ χαλεπόν, ὦ ἄνδρες, θάνατον ἐκφυγεῖν, ἀλλὰ πολὺ χαλεπώτερον πονηρίαν: θᾶττον γὰρ θανάτου θεῖ. καὶ νῦν ἐγὼ μὲν ἅτε βραδὺς ὢν καὶ πρεσβύτης ὑπὸ τοῦ βραδυτέρου ἑάλων, οἱ δ᾽ ἐμοὶ κατήγοροι ἅτε δεινοὶ καὶ ὀξεῖς ὄντες ὑπὸ τοῦ θάττονος, τῆς κακίας. καὶ νῦν ἐγὼ μὲν ἄπειμι ὑφ᾽ ὑμῶν θανάτου δίκην ὀφλών, οὗτοι δ᾽ ὑπὸ τῆς ἀληθείας ὠφληκότες μοχθηρίαν καὶ ἀδικίαν. καὶ ἐγώ τε τῷ τιμήματι ἐμμένω καὶ οὗτοι. ταῦτα μέν που ἴσως οὕτως καὶ ἔδει σχεῖν, καὶ οἶμαι αὐτὰ μετρίως ἔχειν.

τὸ δὲ δὴ μετὰ τοῦτο ἐπιθυμῶ ὑμῖν χρησμῳδῆσαι, ὦ καταψηφισάμενοί μου: καὶ γάρ εἰμι ἤδη ἐνταῦθα ἐν ᾧ μάλιστα ἄνθρωποι χρησμῳδοῦσιν, ὅταν μέλλωσιν ἀποθανεῖσθαι. φημὶ γάρ, ὦ ἄνδρες οἳ ἐμὲ ἀπεκτόνατε, τιμωρίαν ὑμῖν ἥξειν εὐθὺς μετὰ τὸν ἐμὸν θάνατον πολὺ χαλεπωτέραν νὴ Δία ἢ οἵαν ἐμὲ ἀπεκτόνατε: νῦν γὰρ τοῦτο εἴργασθε οἰόμενοι μὲν ἀπαλλάξεσθαι τοῦ διδόναι ἔλεγχον τοῦ βίου, τὸ δὲ ὑμῖν πολὺ ἐναντίον ἀποβήσεται, ὡς ἐγώ φημι. πλείους ἔσονται ὑμᾶς οἱ ἐλέγχοντες, οὓς νῦν ἐγὼ κατεῖχον, ὑμεῖς δὲ οὐκ ᾐσθάνεσθε: καὶ χαλεπώτεροι ἔσονται ὅσῳ νεώτεροί εἰσιν, καὶ ὑμεῖς μᾶλλον ἀγανακτήσετε. εἰ γὰρ οἴεσθε ἀποκτείνοντες ἀνθρώπους ἐπισχήσειν τοῦ ὀνειδίζειν τινὰ ὑμῖν ὅτι οὐκ ὀρθῶς ζῆτε, οὐ καλῶς διανοεῖσθε: οὐ γάρ ἐσθ᾽ αὕτη ἡ ἀπαλλαγὴ οὔτε πάνυ δυνατὴ οὔτε καλή, ἀλλ᾽ ἐκείνη καὶ καλλίστη καὶ ῥᾴστη, μὴ τοὺς ἄλλους κολούειν ἀλλ᾽ ἑαυτὸν παρασκευάζειν ὅπως ἔσται ὡς βέλτιστος. ταῦτα μὲν οὖν ὑμῖν τοῖς καταψηφισαμένοις μαντευσάμενος ἀπαλλάττομαι.

τοῖς δὲ ἀποψηφισαμένοις ἡδέως ἂν διαλεχθείην ὑπὲρ τοῦ γεγονότος τουτουὶ πράγματος, ἐν ᾧ οἱ ἄρχοντες ἀσχολίαν ἄγουσι καὶ οὔπω ἔρχομαι οἷ ἐλθόντα με δεῖ τεθνάναι. ἀλλά μοι, ὦ ἄνδρες, παραμείνατε τοσοῦτον χρόνον: οὐδὲν γὰρ κωλύει genere

perīculōrum effugia mortis, sī quis nihil nōn facere et dīcere ausit. Sed vidē nē nōn illud difficile sit, Athēniēnsēs, mortem ēvītāre, sed multō difficilius, improbitātem: vēlōcius enim haec currit morte. Ita nunc ego, ut tardus et senex, ā tardiōre sum oppressus; accūsātōrēs autem meī, ut violentī et ācrēs, ā vēlōciōre, malitiā. Ac nunc quidem discēdimus hinc, ego mortī addīcendus ā vōbīs, istī contrā addictī vēritātis vōce prāvitātī et injūstitiae. Atque ego illam sententiam ratam habeō, istīque hanc suam. Igitur haec et oportēbat sīc, opīnor, agī, et satis tolerābiliter ācta putō.

Quod reliquum est, cupiō vōbīs vāticinārī, condemnātōrēs meī. Pervēnī enim nunc eō ubi maximē hominēs vāticinantur, quum mors imminet. Nam praedīcō, cīvēs, sī mē occīderitis, continuō vōbīs post excessum meum ventūram esse poenam, longē, Juppiter, graviōrem illam quam quā mē multāstis capitālī. Hoc enim nunc fēcistis, spē inductī fore ut reddendam vītae ratiōnem dēfugiātis: sed contrā plānē ēventūrum vōbīs dīcō. Plūrēs erunt vōbīs castīgātōrēs, quōs adhūc ego cohibēbam, vōs autem id nōn sentiēbātis; eruntque illī graviōrēs, quō adolēscentiōrēs sunt, et vestram magis movēbunt indignātiōnem. Sī vērō putātis, occīdendīs hominibus prohibitūrōs vōs esse nē quis vōbīs vītam exprobret parum honestē āctam, haud rēctē jūdicātis. Istā enim viā dēfugere cēnsūram nec licet nec decet; at haec et pulcherrima cuique et facillima via est, nōn intercipere cēterōs, sed suum ipsīus animum sīc compōnere ut fīat quam optimus. Ita haec vōbīs quī mē condemnāstis vāticinātus, dēsinō.

Cum hīs vērō quī mē absolvērunt libenter colloquar dē iīs, quae modo facta sunt, interim dum magistrātūs suās rēs agunt, egoque nōndum abdūcor quō abductum mē morī oportet. Itaque mihi manēte, cīvēs, tantum temporis: nihil enim obstat quō minus

Ἀπολογία Σωκράτους

διαμυθολογῆσαι πρὸς ἀλλήλους ἕως ἔξεστιν. ὑμῖν γὰρ ὡς φίλοις οὖσιν ἐπιδεῖξαι ἐθέλω τὸ νυνί μοι συμβεβηκὸς τί ποτε νοεῖ. ἐμοὶ γάρ, ὦ ἄνδρες δικασταί—ὑμᾶς γὰρ δικαστὰς καλῶν ὀρθῶς ἂν καλοίην—θαυμάσιόν τι γέγονεν. ἡ γὰρ εἰωθυῖά μοι μαντικὴ ἡ τοῦ δαιμονίου ἐν μὲν τῷ πρόσθεν χρόνῳ παντὶ πάνυ πυκνὴ ἀεὶ ἦν καὶ πάνυ ἐπὶ σμικροῖς ἐναντιουμένη, εἴ τι μέλλοιμι μὴ ὀρθῶς πράξειν. νυνὶ δὲ συμβέβηκέ μοι ἅπερ ὁρᾶτε καὶ αὐτοί, ταυτὶ ἅ γε δὴ οἰηθείη ἄν τις καὶ νομίζεται ἔσχατα κακῶν εἶναι· ἐμοὶ δὲ οὔτε ἐξιόντι ἕωθεν οἴκοθεν ἠναντιώθη τὸ τοῦ θεοῦ σημεῖον, οὔτε ἡνίκα ἀνέβαινον ἐνταυθοῖ ἐπὶ τὸ δικαστήριον, οὔτε ἐν τῷ λόγῳ οὐδαμοῦ μέλλοντί τι ἐρεῖν. καίτοι ἐν ἄλλοις λόγοις πολλαχοῦ δή με ἐπέσχε λέγοντα μεταξύ· νῦν δὲ οὐδαμοῦ περὶ ταύτην τὴν πρᾶξιν οὔτ' ἐν ἔργῳ οὐδενὶ οὔτ' ἐν λόγῳ ἠναντίωταί μοι. τί οὖν αἴτιον εἶναι ὑπολαμβάνω; ἐγὼ ὑμῖν ἐρῶ· κινδυνεύει γάρ μοι τὸ συμβεβηκὸς τοῦτο ἀγαθὸν γεγονέναι, καὶ οὐκ ἔσθ' ὅπως ἡμεῖς ὀρθῶς ὑπολαμβάνομεν, ὅσοι οἰόμεθα κακὸν εἶναι τὸ τεθνάναι. μέγα μοι τεκμήριον τούτου γέγονεν· οὐ γὰρ ἔσθ' ὅπως οὐκ ἠναντιώθη ἄν μοι τὸ εἰωθὸς σημεῖον, εἰ μή τι ἔμελλον ἐγὼ ἀγαθὸν πράξειν.

ἐννοήσωμεν δὲ καὶ τῇδε ὡς πολλὴ ἐλπίς ἐστιν ἀγαθὸν αὐτὸ εἶναι. δυοῖν γὰρ θάτερόν ἐστιν τὸ τεθνάναι· ἢ γὰρ οἷον μηδὲν εἶναι μηδὲ αἴσθησιν μηδεμίαν μηδενὸς ἔχειν τὸν τεθνεῶτα, ἢ κατὰ τὰ λεγόμενα μεταβολή τις τυγχάνει οὖσα καὶ μετοίκησις τῇ ψυχῇ τοῦ τόπου τοῦ ἐνθένδε εἰς ἄλλον τόπον. καὶ εἴτε δὴ μηδεμία αἴσθησίς ἐστιν ἀλλ' οἷον ὕπνος ἐπειδάν τις καθεύδων μηδ' ὄναρ μηδὲν ὁρᾷ, θαυμάσιον κέρδος ἂν εἴη ὁ θάνατος—ἐγὼ γὰρ ἂν οἶμαι, εἴ τινα ἐκλεξάμενον δέοι ταύτην τὴν νύκτα ἐν ᾗ οὕτω κατέδαρθεν ὥστε μηδὲ ὄναρ ἰδεῖν, καὶ τὰς ἄλλας νύκτας τε καὶ ἡμέρας τὰς τοῦ βίου τοῦ ἑαυτοῦ ἀντιπαραθέντα ταύτῃ τῇ νυκτὶ δέοι σκεψάμενον εἰπεῖν πόσας ἄμεινον καὶ ἥδιον ἡμέρας καὶ

inter nōs cōnfābulēmur, quoad licet. Nam vōbīs tamquam amīcīs ostendere volō, quid significent haec quae mihi nunc ūsū vēnērunt. Etenim mihi, jūdicēs—quippe vōs jūdicum nōmine rēctē appellārim—mīrābile quiddam ēvēnit. Nam cōnsuētum mihi dīvīnum ōmen priōre quidem tempore perquam frequēns semper erat, et perlevibus dē causīs adversābātur, ubi quid nōn bene factūrus essem. Nunc autem, ut ipsī vidētis, hoc accidit mihi, quod sānē quis putet ac vērē numerātur extrēmum malōrum: sed mihi neque exeuntī māne domō adversātum est signum deī, neque quum hūc adscenderem in jūdicium, neque in ūllā sermōnis parte, sī quid dīcere vellem; tametsī id in aliīs sermōnibus mihi plūrimīs locīs medium dictiōnis cursum inhibuit. Nunc autem nusquam in hujus diēī āctiōne mihi, nec facientī quicquam nec dīcentī, adversātum est. Cujus reī quam causam esse suspicer, ego dīcam vōbīs. Nam vidētur id quod mihi accidit bonum fuisse; ac nēquāquam rēctē suspicāmur, quī malum putāmus esse mortem. Magnō argūmentō mihi hoc fuit: nōn potest fierī quīn adversātum mihi fuisset cōnsuētum signum, nisi ego aliquid bonī essem āctūrus.

Cōnsīderēmus jam sīc quoque, quam magna spēs sit bonum illud esse. Ex duōbus enim alterum est mors: nam aut velut in nihilum interitus est, ut nē ūllum quidem ūllīus reī sēnsum retineat mortuus, aut, quod vulgō dīcitur, commūtātiō quaedam et peregrīnātiō animī hāc ex sēde hinc in aliam sēdem. Ac sīve omnis sēnsūs prīvātiō est, similisque eī somnō, quō quis cōnsōpītus nē somnium quidem ūllum cernit, mīrificum prōrsus lucrum est in morte. Ego enim putārim, sī quis dēligere velit tālem noctem, in quā sīc dormīvit ut nūllum vīderit somnium, cēterāsque noctēs et diēs vītae suae comparātās cum eā nocte velit reputāre ac dīcere, quot diēs et noctēs melius suāviusque tālī nocte

νύκτας ταύτης τῆς νυκτὸς βεβίωκεν ἐν τῷ ἑαυτοῦ βίῳ, οἶμαι ἂν
μὴ ὅτι ἰδιώτην τινά, ἀλλὰ τὸν μέγαν βασιλέα εὐαριθμήτους ἂν
εὑρεῖν αὐτὸν ταύτας πρὸς τὰς ἄλλας ἡμέρας καὶ νύκτας—εἰ οὖν
τοιοῦτον ὁ θάνατός ἐστιν, κέρδος ἔγωγε λέγω: καὶ γὰρ οὐδὲν
πλείων ὁ πᾶς χρόνος φαίνεται οὕτω δὴ εἶναι ἢ μία νύξ. εἰ δ' αὖ
οἷον ἀποδημῆσαί ἐστιν ὁ θάνατος ἐνθένδε εἰς ἄλλον τόπον, καὶ
ἀληθῆ ἐστιν τὰ λεγόμενα, ὡς ἄρα ἐκεῖ εἰσι πάντες οἱ τεθνεῶτες,
τί μεῖζον ἀγαθὸν τούτου εἴη ἄν, ὦ ἄνδρες δικασταί; εἰ γάρ τις
ἀφικόμενος εἰς Ἅιδου, ἀπαλλαγεὶς τουτωνὶ τῶν φασκόντων
δικαστῶν εἶναι, εὑρήσει τοὺς ὡς ἀληθῶς δικαστάς, οἵπερ καὶ
λέγονται ἐκεῖ δικάζειν, Μίνως τε καὶ Ῥαδάμανθυς καὶ Αἰακὸς
καὶ Τριπτόλεμος καὶ ἄλλοι ὅσοι τῶν ἡμιθέων δίκαιοι ἐγένοντο
ἐν τῷ ἑαυτῶν βίῳ, ἄρα φαύλη ἂν εἴη ἡ ἀποδημία; ἢ αὖ Ὀρφεῖ
συγγενέσθαι καὶ Μουσαίῳ καὶ Ἡσιόδῳ καὶ Ὁμήρῳ ἐπὶ πόσῳ ἄν
τις δέξαιτ' ἂν ὑμῶν; ἐγὼ μὲν γὰρ πολλάκις ἐθέλω τεθνάναι εἰ
ταῦτ' ἔστιν ἀληθῆ. ἐπεὶ ἔμοιγε καὶ αὐτῷ θαυμαστὴ ἂν εἴη ἡ
διατριβὴ αὐτόθι, ὁπότε ἐντύχοιμι Παλαμήδει καὶ Αἴαντι τῷ
Τελαμῶνος καὶ εἴ τις ἄλλος τῶν παλαιῶν διὰ κρίσιν ἄδικον
τέθνηκεν, ἀντιπαραβάλλοντι τὰ ἐμαυτοῦ πάθη πρὸς τὰ
ἐκείνων—ὡς ἐγὼ οἶμαι, οὐκ ἂν ἀηδὲς εἴη—καὶ δὴ τὸ μέγιστον,
τοὺς ἐκεῖ ἐξετάζοντα καὶ ἐρευνῶντα ὥσπερ τοὺς ἐνταῦθα
διάγειν, τίς αὐτῶν σοφός ἐστιν καὶ τίς οἴεται μέν, ἔστιν δ' οὔ. ἐπὶ
πόσῳ δ' ἄν τις, ὦ ἄνδρες δικασταί, δέξαιτο ἐξετάσαι τὸν ἐπὶ
Τροίαν ἀγαγόντα τὴν πολλὴν στρατιὰν ἢ Ὀδυσσέα ἢ Σίσυφον ἢ
ἄλλους μυρίους ἄν τις εἴποι καὶ ἄνδρας καὶ γυναῖκας, οἷς ἐκεῖ
διαλέγεσθαι καὶ συνεῖναι καὶ ἐξετάζειν ἀμήχανον ἂν εἴη
εὐδαιμονίας; πάντως οὐ δήπου τούτου γε ἕνεκα οἱ ἐκεῖ
ἀποκτείνουσι: τά τε γὰρ ἄλλα εὐδαιμονέστεροί εἰσιν οἱ ἐκεῖ τῶν
ἐνθάδε, καὶ ἤδη τὸν λοιπὸν χρόνον ἀθάνατοί εἰσιν, εἴπερ γε τὰ
λεγόμενα ἀληθῆ.

ēgerit in suā vītā; putārim eum, nōn modo prīvātum hominem sed rēgem magnum, admodum numerābilēs illās repertūrum esse, cum cēterīs collātās diēbus et noctibus. Quodsī ejusmodī quiddam est mors, lucrum equidem dīcō: ita enim nihil amplius vidētur omne cōnsequēns tempus esse quam ūna nox: sīn similis mors est migrātiōnī hinc in aliam sēdem, vēraque sunt quae dīcuntur, habitāre illīc omnēs quī vītā cessērunt, quid est quod huic bonō praeferāmus, jūdicēs? Nam sī quis dēlātus ad īnferōs, ab hīs quī sē jūdicēs ferunt ēvāserit, eōsque convēnerit quī vērē sunt jūdicēs, quōs etiam dīcunt illīc jūdicāre, Mīnōem, Rhadamanthum, Aeacum, Triptolemum, atque aliōs, quotquot ex sēmideīs vītam jūstē perēgērunt, an spernenda vidērī poterit ea migrātiō? Jam vērō versārī cum Orpheō, Mūsaeō, Hēsiodō, Homērō, quantī cuique vestrum aestimandum vidētur? Ego certē saepe ēmorī cupiō, sī illa sunt vēra. Nam mihi quidem ipsī dēlectābilis ibi conversātiō erit, sī colloquī licēbit cum Palamēde et Ajāce Telamōniō, et sī quis prīscōrum alius inīquō jūdiciō oppressus est: cōnferre meōs cāsūs cum illōrum, nōn injūcunda, ut arbitror, rēs erit. Id vērō vel maximum erit, ita mē vīvere, ut eōs quī illīc sunt, similiter atque hīc hominēs, exāminem atque explōrem, quis sapiēns sit eōrum, et quis sibi videātur esse, quum nōn sit. Quantī tandem quis aestimandum putābit, jūdicēs, explōrāre eum quī magnum illum exercitum dūxit ad Trojam, aut Ulyssem aut Sīsyphum? nē sexcentōs memorem aliōs, vel virōs vel mulierēs, quibuscum versārī et colloquī et ad exāminis cōnsuētūdinem redīre, nimium quantum erit beātitātis. Nōn enim illī, opīnor, eā dē causā nōs occīdent. Nam etcēterīs rēbus beātiōrēs illī sunt nōbīs quī hīc vīvimus, et reliquum jam tempus immortālēs sunt, sī modo quod vulgō dīcitur, vērum est.

ἀλλὰ καὶ ὑμᾶς χρή, ὦ ἄνδρες δικασταί, εὐέλπιδας εἶναι πρὸς τὸν θάνατον, καὶ ἕν τι τοῦτο διανοεῖσθαι ἀληθές, ὅτι οὐκ ἔστιν ἀνδρὶ ἀγαθῷ κακὸν οὐδὲν οὔτε ζῶντι οὔτε τελευτήσαντι, οὐδὲ ἀμελεῖται ὑπὸ θεῶν τὰ τούτου πράγματα· οὐδὲ τὰ ἐμὰ νῦν ἀπὸ τοῦ αὐτομάτου γέγονεν, ἀλλά μοι δῆλόν ἐστι τοῦτο, ὅτι ἤδη τεθνάναι καὶ ἀπηλλάχθαι πραγμάτων βέλτιον ἦν μοι. διὰ τοῦτο καὶ ἐμὲ οὐδαμοῦ ἀπέτρεψεν τὸ σημεῖον, καὶ ἔγωγε τοῖς καταψηφισαμένοις μου καὶ τοῖς κατηγόροις οὐ πάνυ χαλεπαίνω. καίτοι οὐ ταύτῃ τῇ διανοίᾳ κατεψηφίζοντό μου καὶ κατηγόρουν, ἀλλ' οἰόμενοι βλάπτειν· τοῦτο αὐτοῖς ἄξιον μέμφεσθαι.

τοσόνδε μέντοι αὐτῶν δέομαι· τοὺς ὑεῖς μου, ἐπειδὰν ἡβήσωσι, τιμωρήσασθε, ὦ ἄνδρες, ταὐτὰ ταῦτα λυποῦντες ἅπερ ἐγὼ ὑμᾶς ἐλύπουν, ἐὰν ὑμῖν δοκῶσιν ἢ χρημάτων ἢ ἄλλου του πρότερον ἐπιμελεῖσθαι ἢ ἀρετῆς, καὶ ἐὰν δοκῶσί τι εἶναι μηδὲν ὄντες, ὀνειδίζετε αὐτοῖς ὥσπερ ἐγὼ ὑμῖν, ὅτι οὐκ ἐπιμελοῦνται ὧν δεῖ, καὶ οἴονταί τι εἶναι ὄντες οὐδενὸς ἄξιοι. καὶ ἐὰν ταῦτα ποιῆτε, δίκαια πεπονθὼς ἐγὼ ἔσομαι ὑφ' ὑμῶν αὐτός τε καὶ οἱ ὑεῖς. ἀλλὰ γὰρ ἤδη ὥρα ἀπιέναι, ἐμοὶ μὲν ἀποθανουμένῳ, ὑμῖν δὲ βιωσομένοις· ὁπότεροι δὲ ἡμῶν ἔρχονται ἐπὶ ἄμεινον πρᾶγμα, ἄδηλον παντὶ πλὴν ἢ τῷ θεῷ.

ΤΕΛΟΣ

Sed vōs quoque decet, jūdicēs, bonam spem agitāre dē morte, idque ūnum animō tenēre vērum, numquam virō bonō malī quicquam ēvenīre posse, nec vīvō, nec mortuō, nec rēs ejus negligī ā dīīs: nec mihi haec nunc accidērunt fortuitō, sed illud nōn dubium est, quīn jam morī atque hīs aerumnīs exsolvī optimum fuerit mihi. Proptereā etiam nusquam mē revocāvit signum istud; nec magnopere iīs, quī mē condemnārunt et quī accūsārunt, succēnseō: etsī nōn eō cōnsiliō agēbant condemnātōrēs meī et accūsātōrēs, sed quod mihi nocēre sē crēdiderant; in quō sānē nōn carent jūstā reprehēnsiōne.

Tantum adhūc ab iīs petō. Fīliōs meōs, quum prīmum adolēvērunt, coercēte, cīvēs, eōdemque illōs modo vexāte, quō ego vōs vexābam, sī vōbīs vidēbuntur vel opibus vel ūllī aliī reī studēre potius quam virtūtī; ac sī vidēbuntur sibi aliquid esse, quum nihil sint, exprōbrāte illīs, sīcut ego vōbīs, quod nōn studeant iīs quibus oportet rēbus, putentque aliquid sē esse, quum nūllō sint numerō. Quod sī fēceritis, jūsta accēperimus et ego ā vōbīs ipse et fīliī. Sed jam tempus est hinc abīre, mihi quidem ad moriendum, vōbīs ad vīvendum. Ūtrīs autem nostrum melius cessūrum sit, id nēmō quisquam scit praeter deum.

FĪNIS